「ブライダル接客」の教科書

（公社）日本ブライダル文化振興協会（BIA）初代ブライダルマスター

遠山詳胡子

（株）ヴァンヌーヴォ　代表取締役

森　弥生

はじめに

ゴールとは

　プランナーのゴールは、新規接客担当にとっては成約であり、打合せ担当にとっては結婚式を成し遂げることです。

　結婚式のゴールは、「ありがとうございました」「これからもよろしくお願いします」などの気持ちを伝えたり、美しい思い出を残したりするという目標を達成することです。

　しかし新郎新婦の本当のゴールは、幸せな結婚生活を送り、添い遂げることです。そして添い遂げるとは、「どちらかがどちらかを看取る」という、尊くも厳しい覚悟です。

　結婚式は、これからの二人の生活のために、周りの人に夫婦として認めていただくための機会にしか過ぎません。

　その優先度を、常に心に留めておきたいものです。

今後

　新型コロナウィルス感染症（COVID-19）の拡大を経て、冠婚葬祭を取り巻く風景が大きく変わりました。

　葬式は、家族葬や直葬が増え、「この傾向は、続くだろう」と、葬祭関係者は話しています。その理由の一つに「コロナ禍とはいえ、自分は葬儀に行けなかったので、葬儀に来てほしいと言いづらい」という喪主の思いがあるからです。

　新郎新婦が同じような思いを抱いたとしても、不思議ではありません。結婚式の実施率が持ち直したとしても、家族婚やフォトウエディングの割合が増え、列席者数が絞られる傾向はある程度続くと考えられています。それは、ゲストとして結婚式に列席する機会が

減ることにも繋がり、結婚式に対する憧れやイメージを持てない新郎新婦が以前よりも増えることも考えられます。

　また、年々平均年齢を押し上げているのは、35歳以上の新郎新婦であり、施設によっては40代50代も珍しくありません。この傾向も、今後変わることはないでしょう。

　どんな背景を持った新郎新婦にとっても、「結婚式を託すに値する、信頼できるプランナー」というハードルは一層高くなってきていると言えるでしょう。

この本は共著です

　私は、ブライダル業界で働いた経験はありません。しかし、一般企業やホテル、結婚式場、パートナー企業、大学などで研修や講義、コンサルタントを行いながら、ブライダル業界を俯瞰的に見つめてきました。

　私は「資格」を取ることにこだわりを持っています。「知っている（つもり）、できている（つもり）」はしょせん主観的な「自己満足」に過ぎません。しかし資格は「知っている、できている」ことを客観的に認定してくれるものです。そして資格を持って初めて皆さんにお伝えする役割を持てるのだと考えているからです。

　教養もスキルも、OJT（業務を実践しながら伝承する教育）では網羅できない論理的な「武器」です。

　売上げの向上だけでなく、プランナーやお客様の心を守ることにも繋がるので、資格と経験を礎としながら、丁寧にお伝えしたいと思います。

　協力を仰いだ森弥生さんは、40年近くブライダル業界に携わって

います。最初はロッテ会館（現ロッテシティホテル：錦糸町）でブライダル接客の全てを学びながら約500組を担当しました。その後大手結婚式場八芳園（白金）や目黒雅叙園（現ホテル雅叙園東京：目黒）で年間約2000組以上、実際に担当したり役員として統括したりして見届けてきました。目黒雅叙園からの出向先では、関東や関西の７つのゲストハウスで副社長として、年間約1000組統括していました。近年は独立し、コンサルタントという立場で、俯瞰した目線で全国のブライダル接客や経営を見守っています。

　社会情勢に大きく左右される結婚式ですから、いい時も悪い時もあります。上司や経営陣が変わることで、今までの方針が大きく変わってしまうことも多々あります。更に森さんの場合は、勤務先の倒産からの復活という経験があります。そんな中彼女が大切にしていたことは、ぶれない心を持つことでした。部下の気持ちやお客様の要望など現場の全体像を把握すると、ブライダルに対する軸がぶれません。実は、２～３割だけ上司の言うことを聞くフリをして、後の７～８割は、ぶれない心で、結婚式とプランナーを守っていたそうです。

　結局大切なのは、そういう「心」なのです。

　私どもはこれまで、様々な現場で、それぞれの立場で、結婚式の変化を捉え、業績のＶ字回復実現のお手伝いをしてきました。

　そこでこの本では、私達の知識と経験を踏まえた「具体的な接客事例」とそれを「実行するためのスキル」をお伝えし、理想論という逃げ口上や意識を、いい意味で裏切りたいと思っております。少しでも、お役に立てれば幸いです。

遠山詳胡子

第2章　接客の流れとお客様の深層心理　41

第3章　提案力

第4章　ブライダル接客のスキル

第6章　新郎新婦へのアドバイス

第1章

成約へのプロセス

プランナーの「人柄」

お客様に心地良い空間と時間を提供するため、プランナーは心をこめて接客しています。

しかし、自分だけが満足しているのかもしれません。

なぜなら、実施率が高くない状況においても、高額なお金を払ってでも結婚式をしようとしているお客様は、とても貪欲だからです。

ところが、成約した理由を尋ねてみると、実はあっけないほど情緒的であることが珍しくありません。

口コミサイトなどで結婚式場を決めたポイントを拾ってみると、「結婚式場の雰囲気」や「プランナーの人柄」が上位にランクインしています。雰囲気には、プランナーやスタッフの対応が含まれています。コストパフォーマンスやアクセスなどのハード面に負けず劣らずの割合でした。

「感情的アプローチ」の方が「論理的アプローチ」よりも影響力があり行動意欲が高くなるという説がありますが、あながち的外れではないと思える結果です。

では、成約できたプランナーは「人柄」が良くて、そうでなかったプランナーは「人柄」が悪かったということでしょうか。

そんなはずは、ありません。

しかし、熱い思いも責任感もあるのに、なかなか成約まで至らないプランナーがいることも事実です。なぜなのでしょうか。

どうやらそれは本当に、「人柄」が原因のようです。

そしてそれは、プランナーの「人格」とは別物です。

そもそも、人柄は、誰が決めるものでしょうか。

人柄を話題にする時、「あの人って、いい人よね」「あの人って、真面目よね」など、必ず第三者のことを話しています。

人柄は、自分ではなく、他の人が決めることなのです。

ということは、プランナーの人柄は、お客様が勝手に決めているということになります。

「人柄」を決める要因

では、人はどうやって、相手の人柄を決めるのでしょう。

そのヒントの一つとして、「メラビアンの法則」があります。

アメリカの心理学者メラビアンは、人の行動を3つに分類して、相手に与えるメッセージ性のバランスを研究しました。その結果、見た目など「目からの情報」が55％、話し方など「耳からの情報」が38％、そして「話の内容」はわずか7％でした。

言動とその意味にギャップを持たせたシチュエーションにおける割合なので、全ての場合に当てはまるとは限りませんが、一応学問的な指標となっています。

謝罪する場面

お客様がとても怒っていて、謝罪しなければならない場面です。

A氏

ブラックスーツに赤のネクタイ。背筋を伸ばした美しい45度のお辞儀。ハキハキとした口調で「大変失礼いたしました。申し訳ございません」。

B氏

ブルーグレーのスーツに、水色のネクタイ。背中を丸めた深々としたお辞儀。弱々しい声を絞り出しながら「本当に、すみません。

申し訳ありませんでした」。

　あなたには、どちらの「申し訳ありません」が心に届くでしょうか。

　A氏の黒のスーツと赤のネクタイもインパクトが強すぎました。
また、美しい立ち居振る舞いも丁寧な言葉遣いも非の打ちどころが
なさ過ぎて、お客様は「本当に申し訳ないと思っているのだろうか」
と、感じるかもしれません。

　A氏はとても責任感が強く、内心自分のことを責めているのかも
しれません。どうしたら埋め合わせできるのか、真剣に考えている
かもしれません。それは紛れもなく、「A氏の人格」であり、「A氏
にとっての真実」です。

　しかし目と耳からの情報によりお客様に「慇懃無礼」だと思われ
たとしたら、それが「お客様にとっての真実」になってしまいます。
そしてそれが、「A氏の人柄」としてインプットされてしまうでし
ょう。

　一方、B氏は、好印象を残すでしょう。

　彼の柔らかなカラーコーディネイトは、自分の存在を誇示してい
ないので、「申し訳ありませんでした」という言葉にマッチしてい
ます。立ち居振る舞いも言葉遣いも決して美しくありませんが、背
中を丸めて何度も頭を下げる姿や困り果てた言い方などからは、心
から申し訳ないと思う「人格」が滲み出ているように感じます。

　そうした姿（目からの情報）や声（耳からの情報）にお客様には、
誠実さが「B氏の人柄」としてインプットされるでしょう。

提案する場面

謝罪とは違った印象を、求められることもあります。

例えば、提案をする場面です。

新郎新婦は、どんなに予備知識があったとしても、高額な商品を購入する時には、プロの意見を必要としています。

その場合、A氏のメリハリのある装いや立ち居振る舞い、毅然とした話し方に「頼りになる人」という人柄を感じたら、それは安心感に繋がります。

一方、B氏にどんなに誠実さを感じても、「頼りになる人」という人柄を感じてもらえなければ、安心感を持ってもらえるかどうか、大いに疑問です。

［メラビアンの法則：p129参照］

「人格」

このように、お客様がプランナーに持つ印象は、見た目や話し方など「外見」に、かなり影響されます。そして、同じ外見であっても、T（時）P（場所）O（状況）によって、偉そうだったり信頼できそうだったり、誠実そうだったり気弱そうだったりと、印象の良し悪しは変わってきます。

そして、このTPOが目まぐるしく変わるのが、ブライダルの接客です。

お客様の心理は、来館前も来館してからも、期待感、優越感、緊張感、警戒心などが混在しています。また、新郎新婦だけでなく親御様達も接客の対象であり、感覚も考え方も様々です。

お客様がプランナーに求める人柄は、状況や立場によって変わってくるので、あらゆる場面で、その場に適した印象を与えることが

求められるのです。

　それでは、何でも相手に合わせていればいいのでしょうか。

　それは、違うような気がします。

「覚悟」

新郎新婦

　プランナーには夢があります。「幸せのお手伝いをさせていただきたい」という、美しい願いです。しかし新郎新婦の本音や真意を知らなければ、お客様の「本当の幸せ」のお手伝いをすることはできません。

　お客様に胸の内をさらけ出していただきたいのならば、まずは自分をさらけ出す覚悟が必要です。相手との距離を縮めたいと思った時、相手には自分の心が透けて見えるものだからです。

　新郎新婦の幸せを本当に願うのであれば、時にはお二人の思い違いをたしなめて、結婚式のあるべき姿を伝えなければなりません。それはとても難しいことですが、決して譲ってはいけないプロとしての矜持（きょうじ）です。

仲間

　もっとも大切なことは、他部署やパートナー企業のスタッフに対するリスペクトです。

　各スタッフは、その道のプロフェッショナルです。それぞれの分野における新郎新婦の傾向、新商品、売上げの可能性がある価格設定など、彼ら彼女らの考察に基づく提案は素晴らしいものばかりで、そこに至るまでの努力と慧眼（けいがん）には頭が下がります。

　新郎新婦の要望を伝えたりブライダルフェアの企画を伝えたりす

る時には、相談して協力を乞うことになります。

部署同士や会社同士の「力関係」が左右すると考えがちですが、仕事はその現場の「人間関係の延長線上」にあるものです。

各セクションのスタッフと、プロ同士という信頼関係があれば、気持ちよく協力してもらえます。

自分の「プロとしての仕事ぶりと人間性」を認めてもらえるかどうかが、大切なポイントです。

［スタッフ：第3章「提案力」参照］

会社

あなたに尋ねます。

「会社は、しっかりしていますか？」

「社員を、どれほど大切にしていますか？」

「パートナー企業を、どれほど大切にしていますか？」

「新郎新婦やゲストのことをどこまで真剣に考えていますか？」

ブライダルのプロとして、そして人として、会社と向き合っていると、会社のいい面も悪い面も見えてくるでしょう。

時には会社と対峙しなければならないかもしれません。

とはいえ、対峙と批判は、異なるものです。

「悪いのは自分じゃない」と、会社や上司の悪口しか言わないプランナーほど、無責任な人はいません。

「他責」の前に、「自責」です。

「あなたは、社員として、責務を果たしていますか？」

「あなたは、改善しようと努力していますか？」

「あなたは、会社にとことん意見をしていますか？」

しっかりした会社には、しっかりした社員が勤めています。

　しっかりした人は、不誠実で不健全な会社に自分の人生を委ねるような愚かなことをしないからです。

　そして、職場の雰囲気や風土は、プランナーと接して会場見学にいらっしゃるお客様にも、ちゃんと伝わります。

　お客様と接するプランナーは、会社の代表です。

　お客様に「この会社なら、大丈夫！」と感じてもらえるためには、まずは「この人なら、大丈夫！」と信頼してもらわなければなりません。

　冒頭の「会社は、しっかりしていますか？」は、「あなたは、しっかりしていますか？」と同じ意味を持っています。やはり、「自責」です。

　そして誰でも、「自分の責任をしっかりと果たす人」にこそ、信頼感を持つものです。

　プランナーには、新郎新婦に対しても、仲間に対しても、会社に対しても、真摯な姿勢を絶対に崩さないという「覚悟」が求められます。

　その覚悟こそ、プランナーの「人格」です。

　ブライダル接客は、人としてあるべき姿を実践しようとする、修行のような仕事です。

　しかし、仕事を通して「自分を高められる」ということでもあります。

信頼を得るプロセス

①ラポール ➡ ②コミュニケーション ➡ ③好印象 ➡ ④好意 ➡ ⑤信頼

　自分の結婚式は、当日まで実際に見ることも触ることも感じることもできません。インターネットや雑誌から得た情報や、館内見学などから想像するしかありません。

　どんなに豪華な施設に勤めていたとしても、それだけでお客様に信頼してもらえるわけではありません。

　最後に決め手になるのは、プランナーからの説明と提案です。言い換えれば、「プランナーを信頼できるかどうか」です。

　プランナーの人柄や人格をお客様に伝えて、信頼していただけるよう、少しずつ、しかし確実に、段階を踏んでいきましょう。

　良好な人間関係は「①ラポール」から始まります。その結果が、「②良好なコミュニケーション」そして「③好印象」に繋がり、お客様が「④好意」を持ってくださるようになります。

　①から④のやり取りは、何度も繰り返されますが、その一つ一つは薄くて柔らかいティッシュペーパーを一枚一枚積み重ねていくような人間関係の構築となります。

　そしてそのティッシュがしっかりと厚みを持った時に初めて、人は「⑤信頼」してくださるようになります。

　それぞれの段階に進むには、「熱い思い」だけでは足りません。
　適正な「スキル」も必要になります。
　　　　　　　　[スキル：第4章「ブライダル接客のスキル」参照]

①ラポール

　信頼している人の言うことなら、肯定的に受けとめられます。
しかし信頼できない人の言うことは、なかなか肯定的に受けとめられません。ブライダル接客においては、どんなに正論であっても、素晴らしいアドバイスであっても、お客様に受けとめてもらえなければ、何の意味もありません。

　信頼関係へ続く道のりの「友」は、ラポールです。
　お客様に受け入れてもらえるために、ラポール状態を作り、好印象や好意、信頼への道を構築しましょう。
　ラポールは、元々フランス語 "rapport" で、報告、レポート、関係、連携など、なにかを結び付ける意味です。
　心理学では、クライアントとセラピストの関係で、「お互いの心に橋を架ける→心が通い合う」という意味で使われています。
　カウンセリングや心理療法、コーチングなどでは、クライアントと向き合う時になくてはならない大前提が、ラポールです。
　ブライダル接客のスタートも、ラポールあってこそです。

　ラポールを形成することは、さほど難しくありません。
　「自分は認められている」と感じられた瞬間に、お互いの心と心に「橋が架かる」からです。
　実は、相手とラポールを築きたいと心から思っている時には、自然にそうなっていることも、珍しくありません。
　恋人達が、お互いはまったく気づかないうちに似たような仕草をしているのを見たことありませんか。あれはまさにそれです。

プランナーもお客様と親しくなりたいと心から熱望すれば、自然にそうなります。

大切なのは、そのラポールを継続的に形成させることです。
ラポールの瞬間を積み重ねることで、良好なコミュニケーションができるようになり、自ずと質の高い対話につながります。
プランナーにとってそれは、「相手への理解を深め、信頼を築いていけるような会話」です。

ラポールが形成されるのは「自分に似ている」という感覚や「理解されている」という信念などが持てた時です。
相手と共通するものを見つけて、深いラポールを形成するためのスキルの一つに、「NLP」があります。
このスキルを身につけるためには、ひたすら相手と合わせる訓練が必要です。
しかしそのために丁寧に丁寧に相手の言動を観察する行為は、お客様を理解したいという敬意や好意であり、お客様は無意識のうちにそれらを感じ取ってくれるようになります。

[NLP：p138参照]

マッチさせる
まずは、メラビアンの法則の「目からの情報」と「耳からの情報」を意識しながら、お客様を真似る練習をします。
相手と同じ仕草をするためには、注意深い観察が不可欠です。
しかし、真似も観察も「さりげなく」が肝要です。

目からの情報

姿勢

　一生懸命何かを伝えたい時、自分でも気づかないうちに、前のめりになって話している人がほとんどです。

　そんな時、プランナーがふんぞり返っていたらどうでしょう。

　真剣に耳を傾けていると、顔が横向きになり、目線がお客様から外れがちになることもあります。

　それではお客様は「ちゃんと聴いてくれているの？」と不審に思ってしまいます。

　お客様の話は、耳で聞くだけでは足りません。前のめりで表情などもよく観ながら傾聴してくれたら、お客様はそれだけで「私の話を真剣に聴いてくれている」と、感じます。

表情

　真剣に話を聴いていると、表情が無表情になりがちです。

　お客様が夢や希望などを話している時は、笑顔でしょう。

　しかしプランナーが無表情だと、お客様はトーンダウンしてしまいます。

　お客様がとてもツラい体験を話す時は、おそらく眉間にしわが寄っています。そんな時、内心はお気の毒だと思っていても無表情だったら、お客様としては「私の気持ち、分かってるの？」と不安になってしまいます。

　自分と同じような表情で聴いてくれていたら、「私の気持ちに、共鳴してくれている」と、お客様は感じるものです。

聞いてないの？

講義や研修で話している時に、ちゃんと聴いていないように見える人を見かけることがあります。無表情で、ふんぞり返って、時には腕組みをしている人もいます。

後述するNLPでも触れますが、聴覚が視覚など他の感覚よりも鋭い人は、真剣に聞いていても、というより真剣に聞けば聞くほど、このような態度になっている場合が珍しくありません。そして本人は、無自覚です。

しかしそういう人が視界に飛び込んでくると、話し手は心が萎えてしまいます。一瞬言葉が止まることすら、あります。

ミーティングの時に、スタッフにみんなの前で話してもらうことがあります。話し手が言葉に詰まる瞬間があったら、私は必ず聞き手側のスタッフに目を転じます。すると、必ずと言っていいほど、原因となる人がいます。

話し手が必死に話をする時は、心も体もきちんと相手に向き合っていて、表情も豊かになっています。心の中で相手に歩み寄るような気持ちです。

それなのに、聞き手が横や下を向いていたり能面のような表情だったりしていたら、話し手が「話を聴いていない＝私を受け入れていない」と感じたとしても、無理はありません。話す気力がなくなって、話す内容を変えたり短くしたりしても、責められません

人がスムーズに話ができるかどうかは、結局、聞き手の姿勢や表情次第なのです。

ジェスチャー

話をしている時に、ジェスチャーがとても大きな人がいます。

無意識の内に、体全体や手の動きで、話の内容を表現しようとしているのです。そういうお客様と向かい合っている時は、自分もさりげなくジェスチャーを取り入れてみます。

自分のジェスチャーが大ぶりなタイプの場合は、要注意です。

静の態勢の人は、目の前の人がオーバーアクションだと、気になったり目障りだったりして、話に集中できないことも珍しくありません。圧迫感を感じて、気持ちがひいてしまうことさえあります。熱く語ってしまう時は、特に要注意です。

熱心に話せば話すほど、ジェスチャーが大きくなっているかもしれません。時には、自分を客観視することが大切です。

笑顔・アイコンタクト

いつも笑顔でいることやアイコンタクトは、「相手を認めている」というメッセージなので、コミュニケーションの基本です。

しかしながら、それらを避けなければならない時もあります。

人が何かを思い出そうとしている時や何かを想像しようとしている時は、笑っていないし、目線もあらぬ方向です。

そういう時にじ～っと見つめられると、なんだか急かされているみたいで、落ち着かないものです。

笑顔を引っ込めて、目線もお客様が見ている方向に転じると、お客様は焦らずゆったりと思考できるようになります。

「よろしいでしょうか？」「ご理解いただけたでしょうか？」などの確認の時や、「ありがとうございます！」など感謝を伝える時には、しっかり目線を合わせましょう。

耳からの情報

言葉遣い

こちらは親しげに話しかけているのに、相手がずっと堅苦しい話し方をしていたら、「水臭い」となんとなく距離感を感じてしまいます。逆にこちらは丁寧に話しているのに、相手がカジュアルすぎると、「図々しい・なれなれしい」とひいてしまいます。

丁寧な言葉遣いは大事なエチケットですが、相手にマッチさせることも大切です。ただし、最初と最後の挨拶は接客者として丁寧に行うことは、言うまでもありません。

口調

お客様が、慌てたような大きい声で「聴いてください！」と話しかけてきた時、落ち着いた声で対応することも、優しい声で対応することも、接客者としてあるべき姿です。しかし、「どーしたんですか⁉」と同じような口調で応えてあげると、お客様は「自分の心を受けとめてくれた」と感じます。その後は、落ち着いた口調や優しい口調で話しかけて、これから進めていきたい会話のペースにお客様をリードします。

お客様が早いスピードや、大きな声で話すタイプでしたら、最初はマッチさせて、その後ゆっくりと、もしくは小さい声で話すように、ゆっくりとリードします。そうやって相手の口調を安定に導けば、お互いが会話を続けやすくなります。

それ以外にも、相手の口調が軽くなってきたらこちらも軽やか口調、真剣な口調だったらこちらも緊張した口調というように、状況に応じてマッチさせます。

②コミュニケーション

　コミュニケーションは、一方通行では成り立ちません。お互いが継続的に「発信」し合うことで、成り立ちます。

　ただし、ブライダル接客でのコミュニケーションは、お互いが楽しく会話するだけでは、意味がありません。

　ヒアリングの時も会場見学の時も、お客様にはおしゃべりを楽しんでいただきますが、プランナーはおしゃべりの中からお客様を理解し、ニーズを掴み取ることが、コミュニケーションの目的です。

　コミュニケーションはよくキャッチボールに例えられますが、ボールを受けとめた時、あなたはそのボールに込められた「相手の思い」まで受けとめているでしょうか。

　自分の手が痛くなるほど強いボールだったとしたら、相手は「怒っている」のかもしれません。

　こちらに届かないほど弱々しいボールだったとしたら、相手は「やる気がない」のかもしれません。

　とんでもない方向に投げられたボールだったとしたら、相手は「もうやめたい」のかもしれません。

　人との会話も、同じです。

　言葉以外の表情や仕草などに、相手の「思い」が込められている場合が珍しくありません。

　それをきちんと受けとめることが、とても大切なのです。

　そして相手の思いを受けとめるためのスキルが、「観察」です。

　お客様は「本音」を言うとは限りません。時には、お客様ご自身

が自分の「真意」に気づいていないこともあります。

　ですから、お客様の希望や要望など「思い」を正確に理解しようとする際には、高レベルの「観察」を要します。

　そしてそれは、お客様の「言わない（言えない）ニーズ」や「自分では気づいていないニーズ」を探索することに繋がります。

[観察：p147参照]

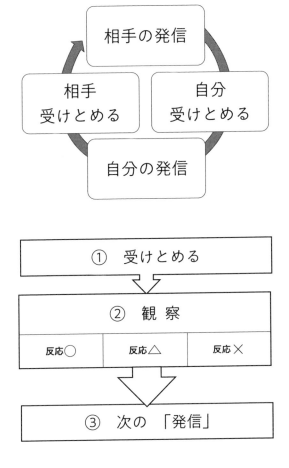

③好印象

相手に対する「発信」は、相手に与える「印象」に繋がります。

そして良好な人間関係は、「好印象」から始まります。

想像してみてください。

お客様がプランナーに「悪印象」を持ってしまったとします。

そうすると、そのプランナーがどんなに丁寧に説明しても、素晴らしい提案をしても、ディスカウントの話をしても、お客様の心には届かないでしょう。

もしかしたら、いい話であればあるほど「うさんくさい」と警戒されてしまうかもしれません。

通常の人間関係であれば、たとえ最初の印象が悪かったとしても、後から好転させることは可能です。

しかしながら、限られた時間内での接客では、印象を好転させる機会は滅多にないでしょう。そうなると、結果は明らかです。

ですので、最初から「好印象」を持っていただくことは、本当に重要です。

「メラビアンの法則」の項で説明したように、人に与える印象は「目からの情報55％」と「耳からの情報38％」が大きく左右します。「話の内容7％」をきちんと受けとめていただくためには、好印象を意識しながら、丁寧に対応することが求められます。

また、誰にも好印象を持ってもらえる「教養」や「マナー」も大切です。

［マナー：p158参照］

④好意

　会ってすぐにたくさん話をしてくださるお客様もいらっしゃいますが、それでも都合の悪い話は避けたいものです。

　しかしその都合の悪い話の中にこそ、お客様が言いたいけれど言いづらい「真のニーズ」のヒントが隠されています。

　好印象を与えるだけでは、当たり障りのないおしゃべりに終始して、接客はなかなか先に進みません。

　「ヒアリング」では、お客様に「質問に答えてもらう」ことで、「自分をさらけ出していただく」ことが必要になります。

　お客様は、とても身構えてしまうでしょう。

　質問をする、されるという緊密な関係性においては、好印象だけでは不十分です。

　より良好でパーソナルなコミュニケーションで安心感を持っていただけるように、留意する必要があります。

　アンケートに書かなかった（書けなかった）ことまで答えていただきお客様の本音や真意を引き出すためのためには、お客様に「好意を伝える」だけでなく、「好意を持ってもらう」というレベルまで、求められます。

　言い換えれば、このレベルまで到達しなければ、お客様の真のニーズを聞き取れず、的確なアドバイスや提案もできないということです。

　信頼へのプロセスも、中断してしまいます。

人が「好意」を持つ時

　人が相手に「好意」を持つのは、「自分の存在を認めてくれたと感じる時」や「自分の気持ちを分かってくれていると感じた時」です。そう感じると、人は誰しも嬉しくなるからです。

自分の存在を認めてくれたと感じる時

　そう感じてもらえるためには、大切なプロセスがあります。

　それは、相手の話を「よく聴くこと」です。

　一生懸命聴けば、相手は「自分のことを、ちゃんと受けとめている」「自分の気持ちを、共有してくれている」と、感じます。「聞く」のではなく、「聴く」のです。

　そして「観察」の項で詳述したように、「聴く」には、いろいろなレベルがあります。

　そしてレベルによって、プランナーが察知できる「ニーズ」は、「言うニーズ」「言わない（言えない）ニーズ」「気づかないニーズ」と、深みが増していきます。

自分の気持ちを分かってくれていると感じた時

　お客様に「分かってくれている」と感じてもらえるためには、お客様の深層心理を理解する必要があります。

　　　[深層心理：第2章「接客の流れとお客様の深層心理」参照]

メンタルヘルス

　お客様の心理を理解するためには、「メンタルヘルス」に関する知識も、求められます。

　最近、モンスターカスタマーの事例を、数多く耳にします。

　モンスターカスタマーと呼ばれるお客様の多くは、ハイストレスのためにメンタルが病んでしまい、時には攻撃的に、時には消極的になってしまっている状態です。

　結婚式は、幸せの象徴です。しかし新郎新婦も親御様も、結婚という人生の節目に際して、様々なストレスを抱えています。

　結婚式は、大小様々な決断の連続です。親族やゲストの立場や気持ちを深く考え、忖度し、具体的な配慮もしなければなりません。絶対に不行き届きがあってはならないと考えるストレスは、相当なものです。

　結婚式の前に同居をしている新郎新婦は、今は約8割いらっしゃいますが、育った環境も価値観も異なる者同士の共同生活で、衣食住や仕事など、多くの環境が激変しています。朝だけをとっても、起床時間、食事や身支度のタイミングや準備、出社時間など、独身時代と大きく違ってきます。それが朝だけではなく一日中、365日続くのですから、大小のストレスの積み重ねです。

　親御様のストレスも、看過できない問題です。

　これまで進学や就職で離れて暮らしていたとしても、親にとって子どもは家族の一員です。しかし結婚は、子どもが親の戸籍から抜けて、新しい戸籍を作ることになるので、社会的にも親離れの節目となります。

　巣立っていく子どもを誇らしいと思うと同時に、寂しいに違いありません。結婚生活の先輩として、心配の種も尽きません。

　ですから、新郎新婦や親御様のストレスに対する理解とフォローも、プランナーには求められているのです。

［メンタルヘルス：p166参照］

⑤信頼

　信頼関係は、すぐに手に入れられるわけではありません。

　好印象や好意を持ってもらうことで、良好なコミュニケーションが継続し、良好な人間関係が構築された結果、「信頼感」を持ってもらえるようになります。

　その信頼感が積み重なって初めて、「信頼関係」ができてきます。

　信頼し合うのは、どちらが先でも構わないと思います。

　たとえお客様がまだあなたを信頼してないとしても、あなたから先にお客様を信頼しませんか。

　信頼は、「する、しない」という二者択一ではなく、「どれくらい信頼するか」という、程度の問題です。

　自分なりのペースで、お客様への信頼度を高めていきましょう。

信頼＝真実

　信頼の "trust" は、古いノルウェー語の "traustr"（強い）が語源です。真実の "truth" も、これが語源です。

　「信頼」と「強い」と「真実」は、とても近い関係と言えます。

　「誰かを強いと思える時に、信頼できる」「何かを真実と感じられる時に、信頼できる」ということでしょう。

　お客様を先に信頼しようとする「強い」心と、信頼したいと本心から思う「真実性」を持つあなたは、お客様から信頼されるに値する人です。

信頼を得るポイント

真実であること

完璧である必要はありません。

自分の能力を100％駆使することが、大切です。

正直であること

相手を尊重した言葉や話し方で、自分にとっての真実を語ることが、大切です。お客様の言うことが理解できない時や自分自身の答えが分からない時などには、素直に認めましょう。かえってその方が、信頼関係を高めます。

自分を大切にしていること

自分の中に葛藤を抱えていると、お客様に心を傾ける余裕を持てません。まずは、自分自身とラポールをとりましょう。

深刻になりすぎないこと

関係性が深まると、お客様が難しい話や悲しい話をし始めることもあります。そこであなたが深刻に受けとめすぎると、お互いに平常心を失ってしまうので、時には空気を軽やかにしてあげましょう。

そうすれば、お客様も新しい視点を持てるようになります。

約束を守ること

約束を守れるかどうかは、お客様を大切にしているかどうかの指針です。お客様の大切な話は、もちろん「ココだけの話」です。それがよそに漏れるようでは、信頼関係を無くすどころか、お客様の心を傷つけることになります。

また、何かをすると言ったら、必ず実行です。万が一それができなくなった時には、お客様が納得してくれるまで、その理由を説明することが、大切です。

気づかないニーズ

　高額な結婚式という商品を託せるほど「信頼」できるプランナーは、どんな人でしょうか。

　「好印象」だけでは、ただの知り合いです。「好意」が伝わっても、親しい人にしかなれません。「信頼」できるプランナーとは、「人として」「ブライダルのプロとして」信用して、頼りたいと思える人ということです。

　アンケートから得られるのは、お客様が「言うニーズ」に過ぎません。その情報だけに目を向けるということは、「観察レベル１」の対応しかしていない、ということです。

　ヒアリングで得られるのは、お客様が「言わないニーズ」です。

　好意を伝え、丁寧に観て聴いて質問する「観察レベル２・３」の対応をすることで、言いたいけれど「言わなかった」、もしくは「言えなかった」ニーズを引き出すと、お客様は「言えてよかった」と、喜んでくださるでしょう。「友人のように、自分を分かってくれた」と、安心してくださると思います。言わないニーズを取り入れた提案も、満足してくださるでしょう。

　より丁寧に質問を重ね、「観察レベル４・５」の対応をして、新郎新婦の背景まで思いやると、情報量は膨大になります。そこで初めて「お客様が気づかなかったニーズ」が見えてきます。

　例えば、新郎新婦の独善的な要望が親御様やゲストに違和感や不信感を招いてしまうことが、珍しくありません。お二人のこれからの人間関係を守るためには、そうした要望を却下したり、親御様や

ゲストの気持ちをより深く汲み取った提案をしたりすることが、必要となることもあるでしょう。

そもそも、新郎新婦が結婚式を挙げる「本当の目的や価値」を自覚していない場合も珍しくありません。

高レベルの観察から多く情報を探り出し、自分の「経験」と「知識」と、お客様を気遣う「優しい想像力」から編み出した提案こそが、「プロレベル」です。

そしてプロレベルに達してこそ、お客様はプランナーを信頼し、成約したいと思ってくださるのです。

観察力＝情報量

	聞く	聴く / 訊く
観る	言わないニーズ【友人レベル】	気づかないニーズ【プロレベル】
見る	言うニーズ【通販レベル】	言わないニーズ【友人レベル】

第 2 章

接客の流れとお客様の深層心理

深層心理

　「論理的なアプローチ」と「感情的なアプローチ」では、感情的なアプローチの方が、人の心が動き、行動に繋がると言われています。論理的アプローチよりも1.7倍売れるというデータもあるほどです。

　例えば、「空気清浄機は、空気をきれいにします」よりも、「きれいな空気で、大切な赤ちゃんの健康を守りましょう」の方が、購買意欲が高まります。

　結婚式の接客や提案も、価格や利便性ばかりでは、新郎新婦の心を揺さぶることは難しいでしょう。

　新郎新婦の気持ちにも親御様やゲストの気持ちにも寄り添い、一緒に真剣に考えることは、一体感や親近感に繋がります。

　それは、自然に湧き出てくる「感情的なアプローチ」です。

　ほとんどの新郎新婦にとって、結婚式を挙げることは初めての経験で、非日常です。それゆえ、ブライダルのお客様は大いなる「期待感」「優越感」「緊張感」そして「警戒心」という、プラスとマイナスの混在した気持ちを抱きながら来館します。

　一方、プランナーにとって結婚式は日常なので、お客様のこうした独特の感情を見逃しているかもしれません。

　プラスの気持ちはもっとプラスにしてあげられるよう、マイナスの気持ちはプラスの方向にしてあげられるよう、プランナーは心してお客様のご来館をお待ちしたいものです。

　各シーンでのフレーズも紹介しますが、あくまでも参考です。

　そのまま使うとその人の個性が消えてしまうこともあるので、自分なりの言い方や話し方で、思いを伝えてください。

来館前

＃期待感＃優越感

＊メールや電話でのやり取りが、施設の印象を決める

＊予約の2日前に再度連絡する

＊アクセスを丁寧に説明する

「お問い合わせいただき、ありがとうございます」

「アクセスは、お分かりでしょうか？」

　ブライダルの営業は、本当に恵まれています。

　多くの業種の営業は、新規取引を得るために、暑い日も寒い日も雨の日も雪の日も、関係各社を一軒一軒訪ねて回ります。

　他方、ブライダルは、お客様の方が足を運んでくださいます。

　わざわざ足を運んでくださるということは、かなりの「期待感」をお持ちだということです。

　プランナーは、その期待の大きさをどれほどきちんと理解して、その期待に応えようとしているでしょうか。

　結婚式を挙げようとすると、かなりお金がかかります。

　お金を払うことは嬉しくないけど、大きな買い物ができることは嬉しいものです。

　それは、「優越感」を感じることができるからです。

　プランナーは、その優越感に寄り添った対応を、どれほど丁寧にしているでしょうか。高額な見積書や請求書を日常的に出していると、お客様の優越感を見逃しているかもしれません。

　アクセスに関してどれほど丁寧に案内できるかも、お客様の「期待感」と「優越感」に応える第一歩です。

来館時

＃緊張感＃期待感

＊施設の第一印象は、最初に会ったスタッフ

「この度は、おめでとうございます」

「ようこそ、おこしくださいました」

　あなたは、豪華なホテルやレストランに初めて行く時は、緊張しませんか。新郎新婦は、初めてブライダル施設に行く時、緊張されている方が少なくありません。

　プランナーにとっては毎日仕事をしている場所なので、どんなに豪華な施設であっても、緊張することなどないでしょう。

　それではお客様の「緊張感」に鈍感になってしまいがちです。

　人は、緊張すると、とても神経質になります。そして神経質になると、相手のちょっとした言葉や仕草が気になり、いつの間にか厳しく判断する目線になりがちです。

　新郎新婦にとって、活字からは把握できないけれどどうしても確認したい情報の一つに、「施設の雰囲気」があります。

　スタッフが和やかな表情をしていて、ましてスタッフの方から優しく声をかけてきたら、お客様は緊張感から解放されるでしょう。

　お客様の視界に入る全てのスタッフが、ブライダルの仲間であり、お客様が抱く印象を左右するキーパーソンなのです。

　大きなホテルや結婚式場であっても、プランナーが玄関でお出迎えすることが増えてきました。到着する時間を確認する、車のナンバーを教えていただくなど事前準備を綿密にして、エントランスのスタッフと連携を取りましょう。

駐車場

　車で来館するお客様にとって、初めての道程は緊張の連続だった
と思います。ようやく辿り着いたお客様が初めて会う駐車場のスタ
ッフは、施設の第一印象です。

　人によって停めたい場所の好みや希望がありますが、駐車場全体
の混雑状況によっては、そうでない場所に誘導しなければならない
ことも珍しくありません。

　お客様が笑顔でエントランスに入ってきてくださったとしたら、
それは駐車場スタッフのおかげです。あなたは、駐車場スタッフに、
いつも感謝の気持ちを伝えていますか。

エントランス

　エントランスでお迎えすると、新郎新婦の緊張感は薄まり「期待
感」は増すばかりです。しかし多くの大きなホテルでは、ブライダ
ルサロン前でのお出迎えが、今でも散見されます。

　初めて来館したお客様は、館内でブライダルサロンを探してうろ
うろしてしまうかもしれません。不案内な場所を歩くのは、本当に
心細いものです。緊張感は増すばかりです。

　ベルスタッフやドアマン、コンシェルジュに「どちらにいらっし
ゃいますか？」など、積極的なお声がけをお願いしたいものです。
しかし、ホテルなど来館者の目的が様々な場合は、お声がけが難し
い場合もあるでしょう。

　そこで大切になるのは、細やかな情報共有です。

　エントランスでプランナーが出迎えているホテルでは、来館前の
お客様の情報を、エントランスのスタッフと実に綿密に共有してい
ます。

ブライダルサロン

#期待感 #緊張感 #優越感
＊好印象を与える笑顔と挨拶で、緊張感を和らげる
「お足元の悪い中、ご来館くださり、誠にありがとうございます」
「この度は、おめでとうございます」

　「期待感」と「緊張感」でいっぱいの新郎新婦です。

　それなのに、あなたはブライダルサロンで、美しい立ち居振る舞いの「いらっしゃいませ」だけで、ご挨拶していませんか。

　それではお二人の期待を全身で受けとめて、お客様の緊張を和らげることはできません。

　新郎新婦がブライダルサロンの受付で名前を告げた後で、奥からプランナーが出てくる場面を、今でも散見することもあります。

　せめてサロンの前でお待ちして、感謝と喜びにあふれた笑顔と、駆け寄るほどの行動で、丁寧にお伝えしましょう。

　管理職が入り口に立って、お出迎えする場合もあります。お二人は少し緊張するかもしれませんが、特別なお客様としての「優越感」を満足させる瞬間でもあります。

　ウェルカムプレートにお二人の名前を入れて特別感やサプライズを感じていただいたり、飲み物の種類を充実させてお客様に特別感とリラックスの両方を味わっていただいたりなど、工夫する余地はたくさんあります。

　それが、アンケートへの自然な導入にも繋がっていきます。

アンケート

＃警戒心＃優越感

＊アンケートに対する警戒心を和らげる

＊事前にいただいた情報は、入れておく

＊何を見て当館を知ったのか、何に惹かれて来館したのか、把握

＊気に入った写真を選んでいただき、お客様の好みを掴む

「大変恐縮ではございますが、アンケートにご協力いただければ幸いです」

「分かる範囲でかまいませんので、よろしくお願いいたします」

「お名前など、ご確認をお願いいたします」

「何をご覧になって、お知りになりましたか？ 差し支えなければ、教えていただけますでしょうか」

「特に心惹かれた写真を、教えてくださいますか」

　お客様はようやくブライダルサロンまで辿り着いたのに、プランナーは挨拶もそこそこに、「アンケートをお願いします」と、どこかに行ってしまいます。それでは「あれが見たい！」「これが聞きたい！」という期待感は、お預け状態です。

　お客様によっては、「来館予約時などにすでにアンケートを書いているのに…」という不満を持つ方もいらっしゃいます。一方的に書かせるだけでは、お客様の警戒心が増すばかりです。

　プランナーの気持ちも分かります。接客をスムーズに進めるために、少しでも多くのお客様情報が欲しいのです。しかし、それはプランナーの都合でしかありません。

　どうしてもアンケートに協力していただきたいのであれば、せめ

てお客様が気持ちよく書けるよう、配慮してほしいものです。

　まずは、アンケートを手渡す前に、少しでも目の前のお客様との距離感を縮めるよう、心がけます。

　予約して来館するお客様の情報は、氏名、連絡先電話番号など、ある程度分かっています。挙式の希望時期など、より詳しい内容を事前に伺っていることもあります。

　プランナーが「分かる範囲で、私が書き込んで（入力して）おきました」と言いながら渡すことは、特別感に繋がります。不確かな情報の場合は、お客様に確認したり書き換えたりしてもらえばいいだけです。

　そうした気遣いこそ、「ようこそ、いらしてくださいました」「お待ちしておりました」という気持ちを形にした、明確なメッセージです。

書式

　お客様の住所、年齢、職業などは、結婚式に求められるニーズを探索するために必要な情報です。携帯電話やメールアドレスなどの連絡先は、今後の継続的なやり取りをする上で、必要です。

　しかしある施設のアンケートは、最後に個人情報欄がありました。たくさんの細かい質問にさんざん答えた挙句の、最後の欄です。これでは、お客様が疲れてしまって、適当な書き方になったとしても、仕方ありません。

　個人情報の欄は、シートの一番上に取りたいものです。

　書き方の見本があれば、それを参考にして、丁寧に書いてくださるお客様も少なくありません。

　当然のことながら、情報の取扱いに関してはきちんと伝えます。

項目

　初めて来館して、いきなりプライベートのことをあれこれ質問されても、新郎新婦としては差し障りのないことしか書きたくないでしょう。

　会場さえ決めていないお客様は、細かい予算や人数に関しても、まだ正確に答えられません。

　また、予算はその人の経済力を問うことに繋がります。人数は交友関係の広さを問うことに繋がります。

　実際に、そのように捉えてしまい「気持ちが萎えてしまった」という新郎新婦の声を聞いたこともあります。

　ですから、漠然としたイメージしか問わない、予算の項目を外すなどの工夫をしている施設もあります。

　そもそも、最初のアンケートと最終的な要望が大きく違ってくることが、珍しくありません。

　あるプランナーは、「高額な予算や多人数は、見栄のかたまりの場合があります」と、言っていました。「優越感」故かもしれません。

　逆に、予算などを少なめに書いたケースもあります。「警戒心」故でしょう。

　エージェント経由の場合は、エージェントで書いたアンケートやエージェントスタッフによるお客様情報が届く場合がありますが、その内容と当日のアンケートが全く違う場合もあります。

　要するに、アンケートはあまり当てにならないということです。

　にもかかわらず、アンケートの回答だけを見て、その回答の背景などを深堀りすることもなく、淡々と、もしくは嬉々として、説明しているプランナーがいます。

　本当に、危険です。

ヒアリング

#期待感#緊張感#警戒心

アンケートが終了すると、担当プランナーがお客様の席に赴きます。お客様は、自分達の担当はどんな人なのか期待しつつも、緊張している心持ちです。

ほとんどのお客様にとって、結構式という買い物は初めての経験です。自分で判断できる知識も経験もなければ、営業トークに「本当かなぁ」と、警戒してしまうものです。

例えば車ならば、実際にデザインや色を見て、ハンドルの触り心地やシートの座り心地を感じて、実際に運転をして、エンジンの音を聞いてなど、五感で確認して、検討することができます。

一方結婚式という商品は、「思い」を具体的な「かたち」にすることであり、時間と空間が商品なので、実際に見て触って検討することができません。

そうである以上、警戒するのは当たり前の反応です。

警戒心を解く方法は、プランナーによって違います。

会場見学の前に1時間ほど新郎新婦と会話をするプランナーがいます。仲良くなると、いろいろなことを質問できるようになるし、相手もなんでも話してくれるようになるからです。

一方、なるべく早く会場見学をスタートして、見学しながら会話を深めていくプランナーもいます。実際に体感して感動していただくことでその施設のファンになっていただき、その過程でお客様の安心感や信頼感を得ることができるからです。

それぞれの施設のマニュアルもあると思いますが、自分に合う方法は何なのか、知っておくといいでしょう。

　ヒアリングの基本は「自分は話さないで、相手に語らせること」です。そして、お客様の本音や要望を引き出します。

　接客者は「話す人」「訊く人」「引き出す人」にランク分けされます。

三流「話す人」

　お客様に質問も確認もせず、アンケートに書かれた内容に沿った説明ばかり一方的にしゃべっているプランナーがいます。お客様が興味を持っていてくださるかどうか気にもしていません。

二流「訊く人」

　お客様の希望や要望など「思い」を知るためには、質問をして情報収集をしなければなりません。しかし、「○○は？」「それでは、△△は？」と、質問ばかりしているプランナーを見かけることがあります。それは、尋問です。

　取り調べのように尋問されては、誰でも心を閉ざしてしまいます。お二人の「緊張感」と「警戒心」は、増すばかりです。

一流「引き出す人」

　「警戒心」をなくすためにも、幸せ気分のお二人に、伝えたいことや自慢したいことをたくさんおしゃべりさせてください。

　そして、その様子を丁寧に「観て・聴いて」ください。

　おしゃべりの中で見え隠れする「表情」や「声の調子」の中にこそ、言葉の裏に隠された本音や真意があるからです。

　そしてそれらが、お客様の「真のニーズ」のヒントです。

　それを引き出すのが、一流の人なのです。

第一印象

＊心からの笑顔

＊親しみを込めた話し方

＊顧客の世代に合わせた立ち居振る舞い

　（年上世代：フォーマル　年下・同世代：ナチュラル）

＊最初のコミュニケーションで、緊張感と警戒心を取り除く

＊来館への感謝（天候に対する労わりなど）

＊婚約への祝福

＊出会えた喜び

＊アンケートに対する感謝

「失礼いたします。初めまして。お足元の悪い中、ご来館くださり、誠にありがとうございます」

「本日ご案内させていただきます○○と申します」（名刺渡し）

「改めまして、この度は誠におめでとうございます」

「本日はご案内に○時間ほど頂戴したいのですが、この後のご予定は大丈夫でしょうか？」

「お部屋の空調はいかがでしょうか？　お寒くありませんか？」

（必要なら、ブランケットを用意）

　好印象の大切さは前述しましたが、その最たるものが「第一印象」です。第一印象は、数秒で決まると言われています。そして第一印象は、その後の関係性を大きく変えてしまいます。

　第一印象が「優しそうな人」であった場合、どんなに厳しい言葉もその人の優しさ故かもしれない、と考えます。

　しかし第一印象が「冷たそうな人」であった場合、厳しい言葉は厳しく聞こえるし、優しい言葉もすぐに信用することは難しいでし

ょう。

　通常の人間関係であれば、マイナスの第一印象をリカバリーする
チャンスがいくらでもあります。しかしながら、限られた時間の接
客では、マイナスの印象が最後まで尾を引いてしまうことも珍しく
ありません。

自己紹介
＊自己紹介で、安心感を与える
＊自分の言葉で、伝える
＊結婚式を売るのではなく、自分を売る
「改めまして、○○（フルネーム）と申します。結婚式がとても好
きでこの仕事をさせていただいています。本日はどうぞよろしくお
願いいたします」
「初めてのご来館で、緊張なさっていませんか？　私はちょっと緊張
しています。楽しくお話を進めたいと思っておりますので、よろし
くお願いいたします」

アサイン
　ブライダル接客では、担当者を割り当てることをアサインと言い
ます。新規来館者は、新郎新婦二人だけでなく、「新婦と母親」「新
婦のみ」「新郎のみ」などの場合もあります。そして、それぞれの
ケースの対応に長けたプランナーを選びます。
　前述したように、ラポールか形成される状況の一つに、「自分に
似ている」という感覚が持てた時があります。
　そのため、プランナーをアサインする時には、「親和性」を大切
にしています。

例えば、元気なお客様には活発な言動のプランナーを、大人しいお客様には落ち着いた話し方のプランナーを、といった具合です。私服の好みやヘアメイクが似ている、体型が似ているということを参考にする場合もあります。お客様が「同じ感覚で話したいから」と、同じ年代のプランナーを希望する場合もあります。

　しかし逆に「いろいろ教えてほしいから」と、年長者を希望する場合もあります。来館前のヒアリングやアンケートなどで、お客様の要望を伺える機会を事前に作っておくといいでしょう。

　若い世代でも親御様対応に長けているプランナーがいます。

　お母様などが同行している場合は、そういう子の出番です。

　長い時間を共にする打合せでは、お客様のタイプに合わせたアサインがより必要になってきますので、お客様のタイプを「SPトランプ」を使って分析することもあります。

［SPトランプ：p181参照］

好意を伝える

＊接客を急がない

＊アンケートに頼ると、心からの会話ができない

＊自分とお客様お互いの緊張感を取り除く

　（打ち解けないと、お客様は心を開けない）

＊世間話やなごみ話にたっぷりと時間をかける

＊新郎新婦に関心を示す

＊共通の話題を探し、認識や経験を共有していることを伝える

＊お客様のいいところをきちんとほめる

＊同行した母親、姉妹、友人にも関心を示し、丁寧に対応する

「○○のご出身なのですね。△△がきれいないいところですよね」

「趣味が○○なんですね。楽しいですよね。私も休日はよく行っています」

「字がおきれいですね」「素敵なお召し物ですね」

「ご一緒してくださるなんて、お優しいですね」など

　ヒアリングで大切なのは「好意」を伝えることです。

　第1章で述べたように、お客様がプランナーの好意を感じ取ってくれるのは、「自分の存在を認めてくれたと感じる時」や「自分の気持ちを分かってくれていると感じた時」です。

　好意を伝えるテクニックは、いくつもあります。

　しかしもっとも大切なことは、「観察レベル4」の「相手を理解し、尊重する」ことです。時にはお客様の考え方や性格などが受け入れ難いこともあるでしょう。そこに同調したり同意したりする必要はありません。しかし、否定せず「尊重する」姿勢は大切です。

　これは接客に限ったことではなく、どの場面でも求められるでしょう。このような精神性がなければ、ヒアリングやその後のクロージングが誠実さに欠けたものになってしまいます。

　新規来館は、新郎新婦だけとは限りません。特にブライダルフェアは、新郎の代わりにお母様、姉妹、友人などが新婦に同行していることが珍しくありません。

　そして同行者は、とても重要な存在です。「なんか、いいよねぇ」「なんか、今一つだよねぇ」といった漠然とした感想に、新婦は大きく影響されるからです。

　新婦よりも冷静なので、チェックモード全開です。新婦を守ろう

と、警戒心もお持ちでしょう。

　しかし同行者がプランナーに好印象を持ってくだされば、これほど心強いことはありません。プランナーがいないところで新婦の背中を押してくださることが少なくないからです。

　また、新婦が言わない（言えない）ニーズを代弁してくださることもあります。新婦同様、時には新婦以上に、丁寧に観察やヒアリングをすることが大切です。

要約して確認

＊心からの相槌を打つ

＊復唱する

＊理解を示す

＊自分の言葉で要約して、確認する

＊発展させる

　「ご希望の挙式スタイルは何ですか？」

　「キリスト教挙式です」

　「キリスト教挙式ですか。素敵ですよね。どんなところが気に入っていらっしゃるのですか？」

　「フォーマルな感じがするからです」

　「フォーマルな感じですか。確かにそうですよね。フォーマルというと、厳かな雰囲気ということですか？」

　「でも堅苦しいのは嫌で、私達らしさも出したいと思います」

　「なるほど、お客様らしさですね。なにかイメージやご希望などございますか？」

　「私達は音楽が好きなので、曲でフォーマルさを出したいです」

お客様の希望や要望を伺ったら、まず「復唱」して、その気持ちを「理解・尊重」することが大切です。

そしてそれ以上に、その後その内容を「要約」して確認することが、大切です。

自分の理解を言語化して、「ということは、○○ということでよろしいでしょうか？」と相手に訊くことで、自分勝手な思い込みがなくなるからです。

例えば、キリスト教挙式で大切にしているこだわりやポイントは、正統性であったり、写真映えであったり、ゲストの列席であったりと、様々です。必ず復唱して、自分の言葉で言い換えて、確認することが、大切になります。

質問して確認
＊適切な質問で、基本的な情報や現状を正確に知る
＊条件や要望を正確に知る
＊その条件や要望が、どれほど重要なのかを知る
＊お客様の「関心事」に、①②③とランク付けする

アンケートの確認
　「本日は○件目のご見学なんですね」
　「ゼクシィ（Instagram）をご覧になってくださったんですね」
イメージやテーマの把握
　「一番心に残ったお写真は、何でしょうか」
披露宴の目的
　「現在ご検討されているご列席者様は、ご親族様中心、それともご友人・会社の方中心でしょうか」

スタート時間の把握

「一番ご遠方の方は、どちらからいらっしゃいますか」

「質問」は、自分の先入観や固定観念で判断することを避け、相手をより理解し、関係の質を高めるための、コミュニケーションツールです。「観察レベル３」でもあります。

お客様の思いを正確に理解できない場合や、お客様の本当の気持ちが分からない場合が、あります。頭の中に映像がはっきりと浮かばない場合も、あります。

勝手な想像を排除するために、質問で確認しましょう。

質問は知的作業

質問をすることが苦手な人がいます。

相手の世界に土足で踏み込むようで、失礼に感じてしまうからです。お客様に対しては、尚更でしょう。

質問は「相手のことをもっと理解したいと思ったり、知らないことを知ろうと思ったりする、知的な作業」です。

プロのプランナーとして、臆せず質問しましょう。

正確な情報を集める

言葉は肝心なことを省いていたり、あいまいな代名詞や動詞を使っていたりと、不明確なことが珍しくありません。

また、高い、安い、明るい、暗いなど感覚の程度は、人によって様々です。お客様の様子や言葉を「自分流に察した」ことが大きな誤解に繋がることは、絶対に避けなければなりません。

質問をすることで、正確な情報を集めます。

気づきを促す

質問には、もう一つ大きな意味があります。

質問に答えようとする時、人は心の中で内的会話を始めて、答えを探します。すると、思考が刺激され、自分の考えがより明確になったり、新しい気づきを得られたりすることがあります。

例えば「結婚式でもっとも見たいのは、誰の笑顔ですか？」と質問した時、「あ〜、母親だと思っていたけれど、改めて考えると父親だな」などと思い至ったり、その結果「そうだ、父親にサプライズを仕掛けよう！」などのアイデアが浮かんだりしたら、お客様はその質問を嬉しく思うでしょう。

クローズドクエッションとオープンクエッション

クローズドクエッションは、Yes/Noで答えられる質問です。

最初の段階は、お客様が答えやすいクローズドクエッションをします。一言でも声を出すと、緊張感が和らぐからです。

また、お客様がYesと答え続ける質問は、「分かってくれている」と感じてもらえるので、距離感が縮まります。

一方オープンクエッションは、お客様が自由に答えられる質問です。自由に夢を語ってもらうことが大切です。最初の頃は、結婚式の全体像を把握できるような質問を意識するといいでしょう。

「来館動機」を伺うと、お客様の本音が聞けるし、会話のきっかけになります。

お客様が描いている挙式・披露宴の「イメージ」や「テーマ」も、たくさん語っていただきます。

「こだわりたいこと」をたくさん話すと、お客様の期待感が高まっていきます。

５Ｗ２Ｈ

　５Ｗ２Ｈを意識しながらお客様の要望を収集し分析することは、お客様のニーズを探索して整理整頓する方程式の一つです。

When（いつ）

　四季　日本人は、好ましいと思う感覚が季節によって違う

　　　　　春：躍動、夏：清涼、秋：豊潤、冬：温暖など

　時季　ホリデーシーズンなど

　時間　結婚式のスタート時間・終了時間など

　天候　天気・温度・湿度・体感温度や日差しの有無など

Where（どこで）

　館内／館外

Who（誰と）

　出席人数／内訳　親族・仕事関係・友人など

What（何を）

　挙式　スタイルなど

　披露宴　料理、ドリンク、ケーキ、衣裳、演出など

Why（なぜ）

　お披露目　おもてなし　感謝の気持ち

How（どのように）

　雰囲気や空気感

　ゆっくり、ゆったり、にぎやか、楽しいなど

How much（いくら）

　予算

［観察レベル３：ｐ150参照］

会場案内

#期待感

＊当日をイメージできる説明をする

＊先輩カップルが「決めた理由」や、結婚式後の「満足の声」などを披露して、具体的にイメージしてもらう

＊メリットや強み、ここでしか体験できない特別感（料理・知名度・オリジナリティ・スタッフの提案力など）を、説明する

＊ヒアリングでランク付けした「関心事」の高いところは、説明しながら「提案」も行う

＊お客様の「特有の事情」を語ってもらい、ブライダルのプロとしてアドバイスをして、安心感を持ってもらう

＊「いかがですか？」「きれいですよね？」などのお声がけをして、「いいですね！」など肯定的な言葉で高揚感を持ってもらう機会を意識的につくる

＊親御様やゲストにも安心していただけることを、説明する

＊デメリットは、メリットや対応策を伝える

＊他のスタッフの人柄やチームワークなどを、具体的に伝える

＊他のスタッフにも、話しかけてもらう

　「クロージングの秘訣は、何ですか？」とよく訊かれますが、成約するかどうかは「会場見学で決まる」と思っています。

　新郎新婦の関心が高いところは、先に見せるもしくは最後に見せるなど、順番に工夫すると印象が強く残ります。

　新郎新婦にあまり見せたくないところもあります。その場合、立ち位置を変えることでその印象を薄めるという工夫をします。

どの施設にも、競合他社がいます。建物、インテリア、料理、サービス、アクセス、歴史や伝統など、差別化できるところを意識的に伝えながら案内することも大切です。

期待通りは効果がない

新郎新婦は、1〜3か所の施設を見学して決めることがほとんどです。そして見学する施設を決めた後も、来館までにブライダル情報誌やホームページなどで、実に細かく調べています。

ですから、会場案内は「体感」していただくことに尽力します。

「写真で見たチャペルや会場は素敵だけど、実際はどうなの？」「見た目は豪華な料理だけど、美味しいの？」「みんな親切って書いてあるけど、本当にそうなの？」などなど、チェックモードのお二人です。

さて、チェックして期待通りだったら、お二人は大喜びしてくださるでしょうか。残念ながら、そうでもないようです。

期待通り＝情報が正しかっただけですから、「へぇ、やっぱりね」「ふぅん、なるほどね」という反応です。

期待以上だと思って初めて、表情が明るくなり、目線もあちこちに動きます。その瞬間をたくさん拾うのです。

「わぁ、凄い！」「きゃあ、素敵！」などの言葉をいかにたくさん引き出して、テンションが上がる度合いをいかに高めるかが、決め手です。

一方、なんとなくピンとこない場合は、表情も声も「はぁ…」という感じです。一応「素敵ですね」と言ってくださっても、声に張りがありません。

ご案内（ハード）

　見て分かるような説明や専門用語では、お客様の心は動きません。分かりやすくて多彩な言葉や表現で、お客様の「感性に訴えること」が大切です。

　自社のアピールポイントを五感に分けて整理してみると、足りないところが見えてきます。以下は、ほんの一例です。

視覚・聴覚

　挙式や披露宴の会場に入る瞬間は、大きなポイントです。入場するドアの前に立っていただき、白手袋をしたスタッフが両方からドアを開け、ライトや音楽を効果的に使うことで、結婚式当日の気持ちの高まりをお客様に感じていただくことができます。

　あるチャペルでは、ドアを開けた瞬間の日の光を神の祝福のように感じていただける瞬間があり、それを体感していただくためにご案内の時間帯を調整しています。

嗅覚

　嗅覚は、意外と記憶に残るものなので、好印象を継続させたり思い出させたりする効果があります。基本的に会場内は無臭ですが、エントランスや廊下にアロマを焚いて香りでお出迎えします。

味覚

　料理に関しては、試食会で堪能していただきます。

　会場見学の時に「お見送りの時のドラジェ」など、一口召し上がっていただくことも、記憶に残るサプライズになります。

［試食会：p69参照］

触覚

テーブルの上のプレゼンテーションプレート（ショープレート、サービスプレートとも言います）は、料理の第一印象です。その皿に込めた気持ちを伝えたり、手に取ってその重さを感じていただいたりしておもてなしを体感していただきたいものです。

ご案内（ソフト）

インターネットや誌面からは決して伝わらない「ソフト」の部分は、丁寧に伝えなければなりません。

親御様の心情

新婦母によるベールダウンが多くなりました。花嫁姿の最後の仕上げであり、子育ての「幕下ろし」という説明に終始することが珍しくありません。しかし、この時のお母様の一言が強く心に残る花嫁が、少なくありません。母親との大切な時間という意義を説明すると、新婦の共感を得られます。

［お母様にとっての結婚式：p224参照］

新婦父とバージンロードを歩く時には、これまでの人生を走馬灯のように思い出しながら、お二人で歩く喜びを感じていただきたいものです。しかしその時間はあっという間です。

私は挙式前に何度かお父様と歩く練習をすることをお勧めしています。式後お父様は、「練習がとても楽しかった。ずっと練習していたかった」とおっしゃいます。なかなか娘には伝わらない本音です。お父様の心情を丁寧に伝えましょう。

［お父様にとっての結婚式：p223参照］

　神前式では、誓詞奏上を行います。

　神前できちんと誓詞を読み上げ、最後に自分の名前を言うことはプレッシャーです。しかし凛々しい声で読み上げる新郎の親御様は、「立派になったなぁ」と誇らしく思われることでしょう。

　「妻○○」と読み上げる新婦の親御様は、嫁がれることを実感なさり、感無量になられることでしょう。

　三々九度の盃は、小（過去・ご先祖様への感謝）、中（現在・これから二人で力を合わせていく覚悟）、大（未来・一家の安泰と子孫繁栄への願い）という意味があります。親御様への感謝を込めながら、酌み交わしていただきたいものです。

　披露宴でも親御様の心を揺さぶる瞬間がいくつもあります。会場案内という臨場感のある場で親御様の心情を織り交ぜながら説明することは、流行りの演出などの説明とは一線を画した、意義深い時間となり、新郎新婦にも共感していただけるでしょう。

　そしてその共感は、結婚式までの親子の時間を「親離れ・子離れ」の愛おしいひと時にしてくれます。

　　スタッフ

　新郎新婦やゲストに対して、どんな心配りをしながら準備を重ねて、当日にどれほど丁寧に仕事をしているのか、細やかに伝えて、それらの素晴らしさを体感してもらいます。

　会場見学は、「全員で歓迎しています」という気持ちを形で伝える機会でもあります。

　新郎新婦には、会場見学を通して、施設ではなく、プランナーやスタッフ達のファンになっていただきたいものです。

［サービススタッフの活躍：p71参照］

デメリットをメリットに

　否定的な感想をいただく場合も、珍しくありません。

　しかし丁寧に探すと、デメリットをメリットに転換できるプロモーションの、チャンスです。

例)

会場が狭い

　「新郎新婦もゲスト同士も距離が近いので、アットホームで和気あいあいとした雰囲気になります」

会場が広い

　「ゆったりとしているので、居心地よく過ごしていただけます」

窓がない

　「入退場の時はスポットライトを多く利用しますし、照明による演出も多くあるので、窓がない部屋の方が効果的です」

バージンロードが短い

　「お父様はとても緊張なさるので、一緒に歩くにはちょうどいい距離なんです」

チャペルが小さい

　「ゲストとの距離が近いので、お互いの表情がよく見えて、一体感があります。セレモニーを近くで見ていただけるので、新郎新婦や親御様にとっても、ゲストにとっても、慈愛に満ちた空間になります」

アクセスが悪い

　「遠いからこそ、このきれいな景色が望めます」

　「駅近は、ゲストにとって時には困った環境です。女性はきれいにヘアメイクして、ドレスや着物を着て、ハイヒールや草履を

履いていらっしゃいます。もし当日が雨や強風だった場合、歩くのは大変です。ご高齢者や足が不自由な方にとっては、天候に恵まれていたとしても、負担になるかもしれません。しかし、タクシーに乗るには近すぎます。ここはタクシーや送迎バスの利用がしやすいです」

言葉や表現をマッチさせる

　成約率が高いプランナーは、同じ内容をいくつもの「言葉や表現」で伝えます。

　例えば、会場の広さと収容人数です。

「ご希望の80名様でも、広々とお使いいただけます」

「ゲストの方にも、ゆったりとお過ごしいただけます」

「テーブルに8名様ですと、12テーブル96名様までご着席いただけますが、10テーブルですので、スペースに余裕ができます」

　新婦は、広々（視覚）ゆったり（体感）といった説明で頷いてくださいました。しかし新郎はいま一つピンと来ていないように感じたので、数字（データ）でお伝えしたところ、納得していただきました。

　感覚（物事を捉える力）には、視覚や聴覚など五感があります。そしてどの感覚が鋭いのかは、人それぞれです。そしてどの感覚が鋭いかによって、心に響く言葉や表現は変わります。

　ちなみに聴覚の鋭いタイプの人は、データや数値で理解することを好む傾向があります。新郎は、聴覚が鋭いタイプだったのでしょう。

　これはNLP（神経言語プログラミング）のスキルの一つで、言葉

や表現をマッチさせることはラポール形成に大いに役立ちます。

　このプランナーは、NLPは知らなかったのですが、お客様の反応を見て、納得していただく表現をいくつも駆使したのです。

　新郎も新婦も納得していただくことで初めて、成約につながります。会場見学に限らず、会話をする上で、言葉や表現を合わせることを、心がけましょう。

[NLP：p138参照]

ペーシング

　会場見学は、さりげなくヒアリングを重ねる時間でもあります。

　同じ場所を、歩調を合わせながら歩き、同じものを見ることで、ペーシング効果が生じます。

　ペーシングとは、動作や話し方を相手に合わせることで、相手が親近感や安心感を持ってくれるようになるスキルです。

　結果、お客様がリラックスしてくださり、会話が弾み、口調も滑らかになってきます。

　自然な流れの中で、お客様が言いづらい要望や本音を引き出す機会となるので、大切にしたい機会です。

試食会

#期待感

＊会場に向かう途中で、試食会への期待感を高める

＊調理や宴会サービスのスタッフの紹介をする

＊料理やサービスに対する取り組みを伝える

＊他の施設との差別化を明確に伝える

「新郎新婦のもてなしの気持ちを料理で表現するために、季節感に合わせたメニュー、新郎新婦の好みやリクエスト、ゲストに対するアレルギー対応など、柔軟な姿勢で取り組んでいます」

「総料理長（パティシエ）は、○○賞を取りました」

「総料理長（パティシエ）は、△△で腕を磨きました」

「キッチンが近いので、冷たい料理も熱い料理も、美味しく提供できます」

「材料は、○○で、△△から仕入れています」

「お皿は、○○のものを使っています」

「会場の雰囲気に合わせた、オリジナルのお皿です」

新規来館のお客様には、多くの施設が簡単なコースを無料で提供しています。実際に飲食することで、他の施設との差別化を理解していただく機会です。

成約のお客様には、多少値引いて、実際に披露宴で出すコースを試食していただきます。料理やドリンクのアップグレードの機会にもなっています。

プランナーが試食のポイントを伝えながら試食会場に向かうと、お客様の期待感が高まります。

披露宴で提供する料理は一万円以上のコースなのですから、豪華な食材や美しい盛り付け、そして美味しさは当たり前です。五感で存分に料理を味わっていただけるよう、口添えをします。

　火を使って調理の一端を演出するフランベは、見た目の華やかさだけでなく、ジュ！という一瞬の音の臨場感、会場に広がる香りも、その場でなければ体験できません。

　お出汁の上品な香りやソースの濃厚な香りも、体験してもらいたいものです。香りを意識していただけるようなお声がけをして、本格的な料理の神髄を感じていただきます。

　総料理長やパティシエが試食会会場でお出迎えをする施設も、珍しくありません。

　メニューはある程度画一化されていて、違いは食材や盛り付けです。総料理長が説明をすることも少なくありませんが、差別化した説明ができているとは限りません。競合他社を知っているプランナーが、試食会の前後に、分かりやすく伝えましょう。

　また、自分が実際に食べてみなければ、自社や他社のことを伝える言葉に説得力が持てません。せめて自社の料理は実際に食べて、自分の言葉で伝えたいものです。

　調理スタッフやサービススタッフは、新郎新婦のもてなしの気持ちをお皿に載せてゲストに直接届けるという重要な役割を担う、新郎新婦の代理です。

　レストランとは一線を画した仕事ぶりを、新郎新婦に紹介して、「お任せください」と胸を張りましょう。調理スタッフやサービススタッフへの信頼は、新郎新婦に安心感を与えます。

サービススタッフの活躍

　プランナーに言えないことも、サービススタッフには言えることが少なくありません。

　「お年寄りにも、食べられますか？」「アレルギーは、どこまで対応してもらえますか？」など料理に関する質問はもちろんのこと、「○人くらいの人数だと、この会場は狭いでしょうか？」など、質問は多岐にわたります。

　サービススタッフは料理だけでなく、会場やテーブルプランのことも熟知しているので、使用するテーブルのサイズや種類なども含め、プロの視点で細かく丁寧に説明することができます。

　サービススタッフの方から「式のご予定は、いつ頃ですか？」とお声をかけて、「その頃は混むので、早く決めた方がいいですよ」などと、お客様の背中を押してくれることもあります。

　食事中は、新郎新婦がヒアリングや会場見学の感想や不安点などを忌憚なく言い合う時間でもあります。そしてその横には、サービススタッフがいます。

　お客様の本音が漏れ聞こえてきたら教えてもらえるよう、お願いしておきましょう。

　このように、サービススタッフは非常に優秀な営業スタッフでもあります。

　そしてサービススタッフを営業の仲間にできるのかどうかは、普段の人間関係にかかっています。

提案

＃警戒心＃期待感＃信頼

＊全体的なスケジュール感を伝えること

＊見学後、「感想」「説明不足」「新しい希望」などを、テーマ別に
　会話する

＊専門用語や略語はなるべく避ける

＊説明内容の意味や必要性を分かりやすく説明する

＊新郎新婦が後から親御様や友人に話せるように整理して説明する

＊他の会場と迷っている場合、差別化になる過去の事例を紹介した
　り資料を渡したりする

　「ここまでで分かりにくいところはございませんか？」

　これまでのヒアリングと観察でお客様のニーズが見えてきたら、
提案の段階になります。

　お客様が耳を傾けてくださる提案とは、新郎新婦の「期待感」を
優先させたものです。プランナーの好みや、会社の利益を優先させ
たものではありません。

　会社に利益をもたらすことも、社会人としての責任です。とはい
え、素人のお客様を騙すこととは、違います。

　お客様が望むこと、お客様にとって必要なことを、適正な価格で
提案することが、「ブライダルのプロとしての矜持」です。

　ただし、お客様の望むことが正しいとは限りません。時には、新
郎新婦の思い違いを、正すことも必要です。

　お客様の多くは、情報は多く持っていても、それが自分にとって
必要なのか最適なのか、分かりません。

　そこでお客様にとってのベストを考え、時にはお客様と対峙することも避けない毅然とした姿勢にこそ、新郎新婦はプランナーの「人柄」を感じます。

　提案のアイデアは、天から降ってくるわけではありません。自分の知識と経験と優しい想像力から編み出されてくるものです。

　人生経験の豊富な新郎新婦に比べたら、一般的な知識や教養はまだまだ至らないことが多いかもしれません。意識して知識を構築することは必須です。

限界を勝手に決める

　何度も繰り返して恐縮ですが、アンケートは当てになりません。

　にもかかわらず、アンケートの「予算」に影響されて、勝手に提案を限定してしまうプランナーがいます。

　例えば商品の種類が１ 〜 10まであるのに、 １ 〜 ３の安い価格帯の商品しか紹介しない、説明しない、提案しないケースです。

　これは、お客様の要望を勝手に割り引いていることです。

　後になって、「なぜ教えてくれなかったのか！」というクレームに繋がることも、あります。

　当たり前のことですが、商品の価格と満足度は比例します。

　お客様が求める満足度に見合う価格であれば、それはお客様にとって適正な商品です。

　単価アップが上手なプランナーがいます。特に話が上手いわけではありません。商品の意味と価格の価値を丁寧に説明しているので、お客様が納得して喜んで選んでくださった結果です。

［提案：第３章「提案力」参照］

日程

　結婚式を挙げることが決まったら、次のステップは日程と会場を決めることです。

　結婚式の日程が決まると、新郎新婦は家族と一緒に過ごす時間が限られていると実感し、家族と向き合うことを大切にするようになります。

　結婚式を迎えるまでの時間は、親子や家族が精神的に自立しようとする、大切な準備期間です。私は心からそう考えているので、「早く決めた方がいいですよ！」と、胸を張って言います。

　そこには営業という意識がないので、皆さん真剣に耳を傾けてくださいます。

　日程の提案は、なるべく絞り込みます。

　多くの新郎新婦は、「来年の春か秋」「4月5月10月11月のいずれか」など、大まかな希望を出されます。しかし、可能な日を全て提示するのではなくポイントを絞った上で日程を提示します。その方が、検討していただきやすいからです。

　また、提示した日が不都合な場合は、その理由を知ることが、ご家族や仕事などお客様の状況を理解することに繋がります。

　会社的には、なるべく早い時期や成約数が少ない時期をご案内したいところです。

　記念日や、新郎新婦やご親族の誕生日なども伺って提案します。

　以前、新郎新婦の誕生日がどちらも11日だったので、他の月の11日を提案したことがあります。「結婚記念日として覚えやすい」と、喜んでいただきました。その日に決める（決めたい）理由は、意外とたくさんあるのです。プランナーの想像力が試される機会です。

　女性のプランナーであれば、体調に配慮して新婦の月のものを確認することもあります。繊細な配慮は新婦に安心感を与えます。

　六輝にこだわる職種もあるので、新郎新婦だけでなく、親御様やご親族の職業も留意しなければならない場合があります。

　親御様やゲストが農業の場合は、田植えや収穫の時期と重ならないようにします。サービス業の場合は、繁忙期を考慮します。

　地域制では、台風や雪などの時季や、お彼岸やお盆などの墓参りの重要性の高さなどを配慮する場合もあります。

　遠方からのゲストがいる場合は、前泊や後泊の有無と合わせて、時間帯も考えなければなりません。

　このように、日程に関しては新郎新婦だけでは決められない場合が珍しくありません。目の前で親御様に電話をしていただき、問題点を明らかにして、日程の検討事項に組み込むことができれば、後々のトラブルを避けられます。

　日程決定は、どうしても金額を抑えたいお客様に対して、ディスカウントして差し上げられる機会にもなります。

　日曜日や祝日に希望が集まりますが、家族婚が増えている今、平日も提案しやすくなってきました。新郎新婦の年齢が高い場合、親御様やご親族がご高齢で、既に引退なさっていたり働いていても融通が利きやすかったりする方が、珍しくありません。

　そうであるならば、平日にゆったり過ごしていただくことも一案です。結婚式が集中しやすい桜や紅葉の季節であっても、平日であればゆっくりと鑑賞していただけるでしょう。

　そもそも、国内外のリゾートウエディングは、平日に開催される

ことが珍しくありません。ゲストの方から「結婚式は大義名分があって休みを取りやすいので、休日よりも平日の方がありがたい」という声を聞いたことも、あります。

夏冬やナイトウエディングなどの価格設定は、お客様にとっても嬉しい提案です。

六輝を気にしなくても問題のない新郎新婦には、仏滅プランなどもあります。最近は、天赦日や一粒万倍日に特別感を感じて、六輝よりも優先させる新郎新婦も増えてきました。

ヒアリングの段階で、丁寧に聞き取ることが求められます。

データ

視覚的なものや心情的なものよりも、論理的なデータを重要視するお客様も、少なくありません。

例えば「ビデオを撮っておけばよかったと後悔した新郎新婦もいらっしゃいます」という言葉だけでは、営業トークと捉えられがちです。

しかし、リクルートブライダル総研の「結婚トレンド調査」のデータを基に「○％の方は、後悔していらっしゃいます」と説明すると、お客様の視野が変わってきます。

トレンド調査は調査期間が直近で、調査対象が全国と広く、集計サンプル数が数千と多いので、非常に客観性があります。論理的なお客様に対して、説得力があるでしょう。

新郎新婦で意見が分かれて喧嘩になりそうな時に、仲裁をするツールとしても、大いに役立ちます。

会場

　どの施設でも、会場の人気に差が出ます。

　庭に面している、窓からの景観がいい、歴史を感じるなど特別感ある会場は人気です。

　しかし事前に伺ったご希望だけでなく、その場でのお客様の反応も見ながら、会場を回ることが大切です。

　たとえ窓がない部屋でも、インテリアや造作などを気に入ったり、照明効果の高さを説明したりすると、お客様は俄然前向きになってくださいます。

　ある施設は、窓がなくて人気のなかった会場限定で、食器（ティファニー）を用意しました。すると一変して、人気の会場になりました。

　こうした企画も、一考する価値があります。

　「どうしても、この会場がいい」という希望でしたら、「この日（時間）しか、空いていません」と、日程や時間を絞り込みます。

お見積り

#警戒心

＊ヒアリングで聞き取った要望を組み入れる

＊金額が予算を上回る背景を、丁寧に伝える

＊予算はご祝儀見込み金額を引いた場合なのか、考えてもらう

「ご希望を加味して、作ってみました」

「お見積りを安く出すのは簡単です。しかし、例えば車本体は200万円でも、シート、ハンドル、内装、カーステレオ、カーナビ、タイヤなどをアップグレードすれば、400万円になります。結婚式も同じです」

「お値段は高くなりましたが、それ以上に満足していただけるものを、私どもは提供させていただきます」

「伺った予算より高くなりますが、ご祝儀を考えると、ご負担は○○円ほどになるのではないかと思われます」

　「見積書」という言葉は、どうしてもビジネス感がぬぐえません。「提案書」であれば、あくまでも最初のご提案であって、その後に加算されたとしても、それはお客様が決めたことだという形が明確になります。

　SNSに「最終的に、見積りの○倍の金額になった！」という、怒りのコメントが載ることがあります。最初の見積書に後から次々とアップグレードやオプションが加わった結果に過ぎないのですが、お客様の警戒心の多くはここに起因すると思われます。

　ですから、最初から誠実な見積書を出した方が賢明です。

大事なことは小さな声で

　他のお客様との距離が近い場合は、声の大きさに要注意です。

　隣の席から高額な金額が聞こえてしまい、新郎新婦が委縮してしまっては申し訳ない限りです。

　また、「特別に値引きいたします！」といったフレーズが聞こえてしまっては、疑心暗鬼になってしまいます。

　声を潜めると、相手は集中して聴こうとするので、そういった意味でも、大事なことは小声で伝えます。

マックスからランクダウン

　ミニマムの値段にオプションを加えるのではなく、最初から適性価格を提示してランクダウンした場合をお伝えするのも、一案です。「全体の費用感」を持ってもらうためです。

　その説明により信頼感が生まれることも、珍しくありません。

　ある程度の予算や、ヒアリングで得た要望や本音、真意を鑑みて「プロとしてベストの提案」を考えたら、「○○とおっしゃっていたので…」と、ヒアリングや会場案内の時の会話をベースにしながら説明します。

　見積書を渡す時に「すみません、少しお値段が張りますが…」と言うプランナーがいます。しかし、事前に価値を丁寧に伝えているプランナーは、謝ることはありません。

　低姿勢で出してくる見積書と、毅然とした姿勢で出してくる見積書、お客様はどちらに安心感や信頼感を持つでしょうか。

料理

　ある程度の年齢のお客様には、「ご自身のお立場やゲストのことを考えると、料理もある程度いいレベルのものが適当です」と提案します。

　見積書で最低価格のレベルにすると、アップグレードをした場合、例えば 3,000円×70名＝21万円の追加となります。

　しかし最初からアップグレードしたレベルの料理を見積書に入れ、「これをランクダウンさせると、21万円安くなります」という説明をすると、優先順位を考えやすくなります。

　SNSで料理をアップするゲストも少なくありません。魅力的な料理＝魅力的な写真という側面もあるので、アップグレードした見栄えや品数なども、おもてなしの一つとなってきています。

　「食べる暇がないので、自分達の食事はいりません」と言う新郎新婦がいらっしゃいます。

　確かにお色直しをしたり、ゲストのテーブルを回ったりと、席に着いている時間が少ないのも事実です。

　ソファー席では、食べづらいという側面もあるでしょう。

　しかし、「同じものを食べて、飲む」ことは「共食」と言って、人の気持ちを同じ方向に向ける際にはとても大切なことであり、日本では儀式の一つでもあります。

　その意味を、是非新郎新婦に分かっていただきたいものです。

　そして、小さくカットして食べやすくする、可能であれば披露宴後にブライズルームや控室で食べていただくなどのご提案をします。

衣裳

　衣裳の場合は、最低料金をご提示します。安くても似合っていればいいと考える方、高級な方がいいと考える方など、お客様の好みは様々だからです。

　アクセサリーなどの小物、靴、インナーは見積書に加えません。お客様の好みによって価格が大きく変わってくるからです。しかし、プラスアルファの可能性は、お伝えするべきです。

　特にインナーは、要注意です。一度しか使わないし、目に見えないインナーにお金をかけることに、抵抗があるお客様も少なくありません。しかし、当日になってインナーがドレスから見えてしまうなどのアクシデントが散見されます。

　プロとして、事前にその危険性をお伝えします。

［ボディメイク：p231参照］

引出物・引菓子

　見積書に、引出物も加えるようにしています。

　持ち込みを希望するお客様もいらっしゃいますが、結婚式の「相場感」をお伝えしたいと考えるからです。

　二次会を開催する場合も多いので、重かったり大きかったりする引出物は、ゲストの負担を考えて敬遠するようになりました。

　宅配便で届けることも、選択肢の一つになりました。ただし、宅配便の場合は、ゲストの手元にきちんと届かないことも稀にあります。ゲストが引っ越していた場合、郵便局のように追跡して新住所に届けることはありません。その部屋の新しい住人が、勝手に受け取ってしまった事例もありました。

　「引出物や引菓子はこちらで用意して、直接ゲスト宅に送るので、

持ち込み料は発生しませんよね」とおっしゃるお客様がいらっしゃいます。それはそれで構わないのですが、引出物や引菓子が壊れているなどのトラブルが発生した場合、ゲストは結婚式会場に連絡してきます。新郎新婦に問い合わせるのは、気が引けるようです。届かない場合は、尚更新郎新婦に連絡しづらいでしょう。しかしながら、施設側としては、対応することができません。

このようなデメリットはきちんとお伝えします。

ペーパーアイテム

見積書にペーパーアイテムを加えない施設が、多くなりました。

その背景として、持ち込みを希望されるお客様が増えてきたことがあります。しかし、持ち込みの危険性をご存じないお客様がほとんどです。そのデメリットをきちんとお伝えするのも、プロとしての大切な役割です。

［ペーパーアイテム：p107参照］

お祝い金

見積書に、ご祝儀の予想金額を組み込む施設もあります。

ご祝儀を予想することに違和感を覚える人もいると思いますが、実際にご祝儀を持って来ないゲストはいらっしゃらないし、特に予算に余裕がないお客様は、自己負担がどれくらいなのかを確認したい場合がほとんどだからです。

ご祝儀制の場合は、お子さんを除いたゲスト人数×３万円を計上します。会費制の場合は、ゲスト人数×会費を計上します。

クロージング

＃警戒心＃好意＃信頼

＊決定できない理由（問題）を発見し、解決する

＊問題が金額の場合は、結婚式の目標や価値観を再確認して、優先
　順位をつけてもらう

＊日程や時間帯を変えることで、減額の提案をする

＊他の会場も興味がある場合は、そこの見学後にアプローチする
　（電話や再来館で、プロとして相談にのる）

「結婚式をする目的（目標）を、今一度確認してみましょう」

「それでは、新郎新婦の誠実さ（価値観）が伝えられるように、
　感謝の気持ちを重視して、他を見直してみましょう」

「信頼（価値観）してもらえるように、おもてなしを優先して、
　他を見直してみましょう」

「○月△日×時であれば、お日柄の関係で金額を調整できます」

「是非その会場にもいらしていただき、そのお見積書を持って、
　再度いらしてください。プロとして、ご相談にのります」

　お客様は、提案と金額に納得すれば「お願いします」と言ってく
ださいます。ですから、クロージングは必要ありません。

　クロージングが必要なのは、お客様に問題（迷いや悩み）がある
からです。

　それなのに、そうしたお客様の問題に向き合わず、「今日成約（も
しくは仮予約）をすれば、お得ですから」とか、「後で日程変更で
きますから」と、無理やりクロージングに入ってしまうケースを見
かけることがあります。

確かに会社に利益をもたらすことは社会人としての務めであり、営業の成績はプランナーの評価に大きく関わってきます。

しかし価格だけの提案では、警戒され、これまで築いてきた友好な関係も崩れてしまいます。成約や仮予約という目的からいったん意識を外して、新郎新婦の心と向き合わなければ、どんな会話も営業トークと捉えられてしまうでしょう。

お客様が「担当者の人柄で決めました！」とおっしゃってくださるのは、金額よりもはるかに大切なものがあるからです。

それは、「お客様と価値観を共有し」「お客様と問題解決をしようとする」姿勢です。

お客様に向き合う姿勢は、決してぶれてはいけないのです。

価値観

第4章でも述べますが、悪徳な訪問販売の現場では、会話の中からお客様の「価値観」を探り、それに対する理解や共感を伝えることで、「自分のことを分かってくれている」と安心させ、高額商品の購入に結び付けるという、嘆かわしい現実があります。

言い換えれば、お客様の「価値観」は、それほど心を動かされる重要なことなのです。

新郎新婦は、「親孝行ができる」「おもてなしができる」「これまでのお礼が伝えられる」ことなどが目標です。しかしいつの間にか目標が見えなくなってしまうことがあります。

その理由の一つとして、目標の背景にある「価値観」を認識できていないことが考えられます。

新郎新婦が「目標を達成したい」と思うのは、なぜでしょうか。

それは目標を達成したことで、ゲストに人間性を認められ、新郎

新婦が大切にしている「自分の価値観を手にすることができる」からです。

「私は価値観なんて持っていません」と言う人がいますが、それはまだ自分で自分を分かっていないだけです。

価値観は愛、誠実、信頼、自由、尊敬、寛容、正直、正義、享楽、忠誠など、極めて抽象的なものですが、自分があるべき姿を心に思い描き、「こうなりたい」と願い続ける原動力です。目標達成までのプロセスでもパワーを送ってくれます。

価値観探し

価値観は、誰もが必ず持っているものなのですが、いつもは意識してないものなので、見つけてあげましょう。

会話をしていると、本人も気づかない内に同じ言葉が何度も出てくることがあり、それが価値観であることが珍しくありません。

そういうサインが見当たらない場合は、一緒に探しに出かけましょう。同じ質問を繰り返すのが、ポイントです。

一見すると、失礼に感じるかもしれません。しかし、十分にラポールが形成されている関係性であれば、お客様は楽しみながら答探しをしてくださいます。

「結婚式の目標は、何ですか？」

「〇〇です」

「〇〇なんですね。素敵ですね。それでは、〇〇を達成することで得られることは何ですか？」

「△△です。」

「△△なんですね。素晴らしいですね。それでは、△△を達成することで得られることは何ですか？」

こうして質問を続けていると、不思議なことにある時点で、「同じ言葉」が繰り返されるようになります。

　「信頼を得ることができる」「誇りを得ることができる」など内容は様々ですが、「信頼」や「誇り」などはその人がもっとも大切にしている「価値観」です。

　その価値観を共有し、「では、皆さんから信頼を得られるような結婚式を挙げましょう」「では、ご自身に誇りが持てるような結婚式を挙げましょう」と、新郎新婦の本当のゴールを一緒に目指そうとするプランナーほど心強くて信頼できる存在はないでしょう。

　なぜなら、そのプランナーは、本人達さえも気づいていなかった「真意」に寄り添っているからです。

問題発見・問題解決

　結婚式を挙げることを妨げる「問題（迷い・悩み）」は何なのか、新郎新婦自身も分かっていない場合が珍しくありません。

　まずは現状把握です。「問題発見」をするお手伝いをしましょう。そしてその「問題解決」をするお手伝いに繋げます。

問題発見

「目標を達成するのに、ネックになっているものは何ですか？」

「夢（価値観）を実現するのに、足りないものは何ですか？」

問題解決

「足りないものを得るために、できることはありますか？」

「そのために、あなたが今できることはありますか？」

　これらはコーチングスキルの抜粋です。コーチングは目標の設定や達成までの道筋も、詳述しています。参考にしてください。

［コーチング：p174参照］

金額

　お金の問題になるとすぐに値引きを考えるプランナーがいますが、それでは問題解決になりません。迷いや悩みの根本的な解決になっていないので、結局は論点が「他の施設との値段の比較」に変わってきてしまいます。

　お客様が持つ結婚式のイメージに原点回帰して、「目標と価値観を再認識」して、ゲストへのおもてなしがもっとも大切だと思うのであれば、料理を優先して他の部分を削るなど、「優先順位の再確認」をしてもらいます。

ブライダルローン

　挙式・披露宴の費用を借りるブライダルローンがあります。金融機関以外に、ブライダル会社が運営している場合もあります。

　今は、結婚式の費用の前払いがほとんどです。そこで、ローンを借りて前払いに充て、結婚式のご祝儀などで返済をする形式です。一括返済と分割返済があります。

　お客様にとっては、妥協せずに結婚式を挙げられるというメリットがあります。会社にとっては、後払いによる支払い逃れを回避できるというメリットがあります。

　しかしながら、金利がありますし、審査が厳しい場合もありますので、デメリットも丁寧に説明することが求められます。

　会場見学などで、さりげなくお伝えしておくといいでしょう。

　詳しい説明を求められるのは、成約後の打合せでの場面がほとんどです。ブライダルローンは、高い商品や追加の商品を売るためではありません。あくまでも、お客様の夢の実現を手助けするための一つのツールとして、紹介します。

第二接客

#安心感

＊プランナーのラポール形成を後押しする

＊プランナーの人となりを伝える

＊チームでバックアップしていることを感じてもらう

「あの子、面倒見がいいでしょう」

「頑張り屋で、よく勉強しているんですよ」

「若いのに、何でも知っているんですよね」

「ベテランだから、私達も頼りにしているんです」

ブライダルサロンで、プランナーが席を外したタイミングで、プランナーの上司や先輩がお客様と接することがあります。

あるホテルでは、ドリンクのお代わりができるように容器を小さめにしています。そして部長が新しいお茶を出しながら挨拶して、お客様との人間関係構築の後押しをしてくれます。ちょっとイケメン風の先輩が、挨拶がてら新婦のお母様と親しくなって、和やかな空気感を作ってくれることもあります。

若いプランナーの場合、年上の新郎新婦や親御様が不安を拭い去れないこともあるので、上司や先輩、男性スタッフが少し接客に加わり、プランナーがこれまでに聞き取れなかったことなどをさりげなく問いかけることで、新たな質問や要望などを表出させる機会になることも珍しくありません。

「私達はチームを組んで、結婚式を作り上げます」とプランナーが言いますが、それをリアルな形でアピールできる機会となり、お客様の安心感に繋がります。

仮予約

＊会場販売の機会損失

＊プランナーの時間損失

＊お客様が一層悩む場合もある

＊期限と再来館を明確にする

　「他の施設の見学もご希望でしたら、そのお帰りにこちらに立ち
　　寄って、私を呼び出してください。またご相談にのりますので」

　仮予約は、基本的に取らない施設が少なくありません。

　その方がプランナーも新郎新婦も真剣に会話を積み重ね、万が一
成約が決められなくても、早い時期に再来館となることが多いから
です。

　仮予約は、プランナーにとっても新郎新婦にとっても、マイナス
になる場合が少なくありません。

　「とりあえず、仮予約を入れませんか？」という安易な姿勢は、
仕事からの逃げでしかありません。にもかかわらず、仮予約を取っ
て上司に報告すれば、仕事をした気になってしまいます。

　それでは、成約まで結びつかないことも多いでしょう。

　丁寧さに欠ける接客後の仮予約は、お客様を満足させることなく
帰してしまうことになります。100％納得していなければ、説明や
見積書から得た情報を基に、他の施設の検討を始める場合も珍しく
ありません。直近で見学した施設の方が印象強くなってきますから、
成約に結び付けることは難しくなるでしょう。

　プランナーは、いつまでもそのお客様に振り回されてしまい、他
の新郎新婦の接客ができない状況にもなってしまいます。

損失

　仮予約が入っている限り、自分も他のプランナーもその会場を売ることができません。「販売機会の損失」です。
会場数の少ない施設では、特に大きな問題です。
　同僚やお客様に対する公平性という意味でも、プロとしてそのことを自覚してほしいものです。

　「時間の損失」もあります。
　あるプランナーは、「仮予約はもったいない！」と言い切ります。
　「自分の時間が同じお客様に２回も取られるのは、もったいない」
「そうすると、新しい新郎新婦を接客する機会を１回失うので、もっともったいない」と、言うのです。
　また、「接客している２〜３時間はものすごく集中しているので、新郎新婦にどんな対応をされても、一生懸命に説明して納得していただこうと頑張れる。しかし同じ相手に何度も説明するのでは、その熱量がどこまで保たれるのか分からない」とも、言います。
　ですから、上司に報告するためだけの仮予約を取って再来館を促すよりは、その場で成約までもっていきたいのです。

　もし決まらない場合でも、彼女はあきらめません。
　「ここに来てよかった。あなたと話せてよかった」とお客様が喜んでくれるような「帰し方」を心がけ、次に繋げるようにしています。
　彼女はプランナー歴２年半ですが、そのプロ意識には脱帽です。

再来館

　どうしても「他の施設も見てから決めたい」ということであれば、他の施設に行く具体的な日を決めていただき、そのすぐ後の来館を約束して送り出すのも、一案です。

　あくまでも営業ではなく、「プロのアドバイザーとしての立ち位置」を明確に伝えれば、より信頼してくださいます。

　実際、新郎新婦はその余裕のある接客に安心感を覚えて、再来館して、成約してくださるケースも珍しくありません。

　ただし、プランナーの新規接客の機会損失を最低限にするために、新規来館のお客様がいらっしゃる時間帯は避けることが大切です。

打合せ

#期待感#警戒心

　結婚式に対する目標や価値観の再確認や新しい要望などにより、最初の見積書よりもアップグレードした商品や全く違う商品を提案しなければならないことが、珍しくありません。

　結婚式に向けて期待は高まるばかりですが、提案は金額に直結してくるので、新郎新婦は慎重にもなってきます。

　結婚式が具現的になってくると、お互いや親御様との意見の相違が表出することも、珍しくありません。

　打合せ業務は、新規獲得とは全く別の接客スキルが必要になるのです。

知識と選択力

　提案を好意的に検討していただくためには、「豊かな知識」が大前提です。

　新郎新婦は商品カタログや説明書以上の情報が欲しいのですから、プランナーは商品の長所短所を知り尽くして、新郎新婦に比較検討させながらアドバイスしなければなりません。

　新郎新婦はプランナーのことを「結婚式のことならなんでも知っている」と思っているので、来賓の御車代や友人への謝礼など、個人的なことを突然相談してくることもあります。完璧に対応する必要はありませんが、ある程度は説明し、その後は経験豊富なスタッフや上司に「確認してみます」と言えるくらいにはなっておく必要があります。

　また、自分の持っている知識のどれが「新郎新婦にとって必要な

情報」なのかを見極めて、「選択」しなければ、知識の押し売りに
なってしまいます。

　プロ以上に情報を持っている新郎新婦もいらっしゃいますが、選
択をする段階では不安を感じています。そのお手伝いをするのも、
プランナーの仕事です。

　プランナーが各セクションの「仕事の流れ」や「事情」を把握し
ておかなければ、結婚式当日にスタッフ全員が無理なく動ける手配
ができません。全てのセクションに関する理解も、求められています。

優しい想像力

　常に新郎新婦や親御様、ゲストの立場に立って考える「優しい想
像力」も、必要です。

　知識や情報のどれを選択して提案するかを判断するためには、ま
ず新郎新婦のことを理解しておかなければなりません。

　アンケートは当てにならず、家庭の事情や金銭問題などはできれ
ば避けたい話題です。しかし新郎新婦があまり話したがらない内容
の中にこそ、「言わない（言えない）ニーズ」や「気づかないニーズ」
が潜んでいます。

　お客様は、実は誰かに相談したいと、心の中で思っています。そ
こで、丁寧な「観察」を経た、丁寧な想像力が求められます。

　新郎新婦の気持ちや事情を理解しても、新郎新婦の希望に沿うこ
とができない場合があります。新郎新婦は、時として見当違いな
「おもてなし」や「自分らしさ」を求めることがあるからです。

　サプライズ効果を期待するあまり、本当に心臓が止まるかと思う
ほどゲストをびっくりさせてしまう演出を考えたりすることもあり
ます。

親御様やゲストの心証を鑑みて、これらが結婚式にふさわしいかどうかをもっとも的確に判断できるのは、結婚式のプロであるプランナーです。

　これからの新郎新婦の結婚生活を考えるならば、時にはNO！と言わなければならない場面もあるでしょう。新郎新婦の希望に反することであっても、これからの二人の人生にとって大切だと思うのであれば、それはプロとしての役割だからです。

　優しい想像力を持ち、「いい人」ではなく、「信頼される人」であろうとすることが、本当の優しさです。そしてそのような優しさを持つ人こそ、真のブライダルのプロフェッショナルであり、社会人としても、人としても、品性を兼ね備えているのだと思います。

マネジメント力

仲間

　社内他部署やパートナー企業との連携は、足し算ではなく、掛け算です。

　足し算では、2＋2＋2＝6と、成果は積み上がっていきます。万が一何か不備があって一つが0になっても、2＋2＋0＝4と、多少なりとも結果が残せます。

　一方掛け算の場合は、結果が大きく変わってきます。2×2×2＝8とアイテムの結果が相乗効果を生み、成果は大きくなります。しかし何か不備があり一つが0となった場合は、結果も0になり、大きな遺恨となるでしょう。たった一つの些細なミスも、決して許されないのです。

　ですから、全てのスタッフとの連携を密にする「マネジメント力」が求められます。

　他部署やパートナー企業と疎遠だと、自分の知識をアップデートすることが難しくなります。お客様の要望に沿うために「お願い」をすることも難しくなり、「無理です」と却下してしまうことにも繋がりかねない状況です。

　「お客様のためという軸を持つ仲間同士」として、信頼して、スタッフの胸に飛び込んでみましょう。最初は取り合ってくれないかもしれませんが、「おはようございます！」と大声で挨拶し、「教えてください！」とお願いすることを粘り強く続けていると、次第に分かり合い、助け合える関係性に繋がっていきます。

　自分のために何かをお願いすることは、我儘（わがまま）のように感じて、消極的になりがちです。しかし誰かのためにお願いすることは、人としてあるべき姿なので、積極的にできるものです。

　そこから始まる人間関係が、マネジメントのスタートです。

　他の部署やパートナー企業のスタッフもプロであるという「尊敬」の念を持てば、プロ同士だという仲間意識を持てるようになります。そうすれば、どんなに厳しい意見を交わしても、それは批判ではなく、お互いを高める切磋琢磨となります。

　「仲間に対するマネジメント」です。

自分

　どんなに全力を投入していても、クレームが発生する時があります。新郎新婦の要望が、こちらが予想していたレベルよりもずっと高いレベルだった場合です。言い換えれば、新郎新婦の期待がそれほど高かったということです。

　最初から期待されなければクレームになりませんが、「どうせ、できないだろう」と最初から判断されることほど情けないことはあ

りません。「やってもらえるだろう」という信頼があるからこその、クレームなのです。

「そんなことまで、できるわけはない」と一蹴することは簡単ですが、それよりも信頼されたことに「誇り」を感じ、それに応えられなかったことを「恥じ入る」ことで、人は次のステップに進めます。

「自分に対するマネジメント」です。

自分に対しても周りに対しても厳しい姿勢を貫き、真摯な姿勢で新郎新婦や仲間、仕事と向き合っているプランナーには、人としての「尊厳」を感じます。

勘違い

時々、とんでもない勘違いしているプランナーがいます。

「結婚式が受注できなければ、他の仕事は発生しないでしょ！」と、まるでプランナーが一番偉いと思っているのです。

そのような考えは、必ず他のスタッフに雰囲気として伝わります。当然のことながら、連携などできません。

確かに、新規成約や打合せで、他部署やパートナー企業の仕事は発生します。しかし、もっとも大切な結婚式当日は、それらの仕事の集合体です。新郎新婦から「ありがとうございました」と言っていただけるのは、他のスタッフのプロとしての仕事の成果のおかげなのです。

そのことが理解できず、感謝の気持ちを持てないプランナーがいたとしたら、人としても、品性がないとしか言えません。

お客様対応

　結婚式までのプロセスは小さな決断の連続なので、お客様が目標に向けて進んでいるかどうか、フォローすることが大切です。

　フォローの仕方は、お客様の特性によって変えましょう。

　懇切丁寧なフォローを望むお客様もいます。あなたは任せているつもりでも、時折りかまってあげないと、本人が見捨てられた感を持つ恐れがあります。

　逆に細かいフォローを嫌がるお客様もいます。親切心で進捗状況を確認しても、鬱陶しいと思われる場合があるのです。

　お客様の反応をきちんと見極めて、ベストの関わり方をします。

　アサイン

　お客様と関わる機会も時間も増える打合せにおいては、「親和性」はより重要となります。「親和性」を持つためには、まず自分の特性を、そして相手の特性を知ることが必要です。

　そして、相手の特性に合った対応が求められます。

　タイプ別対応

◆プランナーが感覚的な場合

　お客様も同じく感覚的なタイプの場合、「とてもあたたかな雰囲気です」というような感覚的な説明でも、「そうなんですね！素敵です」と、共感してくれます。

　しかしお客様が論理的な場合、もしかしたら意味が通じてないかもしれません。データや具体性がないと、さっぱり分からないからです。伝えたいことや言いたいことを明確化することが求められます。

◆プランナーが論理的な場合

　お客様が感情的なタイプの場合、理路整然とした説明がきちんと伝わっていないかもしれません。「ふ〜ん、そうなんだ」という感覚です。

　感情的なお客様は、感謝を伝え、相手の存在そのものを受けとめてあげないと、心が前向きになれません。

◆プランナーが能動的な場合

　お客様が受動的なタイプの場合、プランナーはしゃべりっぱなしになりがちです。

　能動的なプランナーは、おしなべて人の話を聴くのが苦手です。

　積極的に話をしてくれない相手には、意識して話を聴くように心がけるようにしましょう。

　お客様が能動的でよく話してくれる場合でも、思い込みや勘違いを避けるために、とにかく相手をよく観て・よく聴くことが大事です。そして質問力を強化して、確認しましょう。

◆プランナーが受動的な場合

　お客様も受動的なタイプの場合、会話が途切れがちになってしまいます。しかし的確な質問をすると、丁寧に答えてくれるので、時間はかかりますが、正確な情報を集めることができます。

　お客様が能動的なタイプの場合、伝えたいことをどんどん言葉や態度で示すし、相手もそうすると思っているので、プランナーも言葉を尽くして積極的に話すことが求められます。

　以上はSPトランプという、自分や相手の特性や対応策を得るスキルからの抜粋です。

［SPトランプ：p181参照］

話し合い

　新郎新婦や親御様の間に意見の相違があることは、珍しくありません。しかし意見がまとまらないと、打合せを先に進めることはできません。

　とはいえ、結婚式に関する話し合いは、簡単ではありません。新郎新婦二人の関係性や義父母との関係性、両家同士の関係性などが、まだ確立していないケースが珍しくないからです。

　特にお金が関わる問題やお互いの家や地方の伝統やしきたりに関わる問題などはとてもセンシティブで、本音を言うのは簡単ではないでしょう。

　意見が異なるお客様方の話し合いをマネジメントして正しい方向に流れをつくる「ファシリテーション」の「ファシリテーター」になることもプランナーの大切な役割です。

　ファシリテーターは、みんなが気持ちよく話したり、前向きに話したりできるように、進行をフォローする人です。

　ファシリテーションのスキルを持てば、話し合いの見通しを立てられるようになるので、「問題を解決」しようとしたり、「意思を統一」しようとしたりする時に、仕切りがますます上手になります。

［ファシリテーション：p195参照］

担当者を替えてくれ

　ある新婦から、打合せの担当を新規接客の時のプランナーに変えてほしいというメールが届きました。

　「私達に興味がない感じで、決めるべきことを決めるだけの打合せでした。どんなイメージの結婚式にしたいのかといったヒアリングも、それに沿った提案もなかったので、すごく寂しく感じました。まるで上司と部下のように感じました」。

　このようなことが、たまにあります。

　確かに打合せは、招待状から始まる様々なアイテムを決めて、オーダーシートを埋めることです。

　効率的に物事を進めようとすることは間違いではありません。この効率性を歓迎するお客様もいらっしゃいます。

　それでも、上司のように「〇日までに、これを決めてください」というような要求ばかりでは、友好的な関係を構築することは難しいでしょう。理想の結婚式を挙げたいとあれこれ悩んでいるお客様にとっては、尚更です。

　そのような作業だけの打合せでは、優越感も期待感もしぼんでしまいます。

　お客様は、おしゃべりをする中で、気持ちに寄り添ったり、真意を汲み取ったりする伴走者でいてほしいのです。

　ここでも、「観察」や「親和性」が、とても重要です。

　自分の打合せの進め方のことをお客様はどう感じているのかきちんと丁寧に観察して、合わせることが求められます。

確認

　最近は、ウェブシステムでお客様情報を共有することが多くなりました。便利な面もありますが、間違いがあった場合に全員にそのまま流されてしまうという危険性もあります。

　招待状や席次表における、名前の確認はとても重要です。斉藤、渡辺、高木などは、それぞれの候補の漢字を渡して確認してもらいますが、それでも間違うことがあります。おじおば（叔父叔母：親の弟妹、伯父伯母：親の兄姉）や、いとこ（従兄：年上の男性、従弟：年下の男性、従姉：年上の女性、従妹：年下の女性）などの表記も、要確認です。

　最近は親御様の離婚や再婚に伴い、実の親や育ての親の席次表での表記など、センシティブな検討と確認も増えてきました。

　様々なトラブルがありますが、ほとんどは確認不足が原因です。

　間違ったのは新郎新婦でも、「それを再度確認するのがプランナーの役目だ」と主張するお客様も、いないわけではありません。

再見積り

　打合せの途中で、再見積書を渡します。ほとんどの場合、最初の見積書よりも金額が上がっています。要望が増えていけば、当然の結果です。

　問題になりやすいのは、料理など、アップグレードの代金×ゲスト数になるケースです。たとえ1,000円のアップグレードであっても、70名であれば7万円です。

　しかし、そこで揉めることは滅多にありません。

　「もう一度、精査してください」と、お願いできるからです。

最終見積り

　再見積書をお渡しした後、お客様は精査してくださったはずですが、それでも最終見積書の段階で揉めることがあります。新たなアイテムが見積書に加わることがあるからです。

　多いのが、衣裳関連です。

　ヘアメイクではリハーサルの料金が、衣裳ではドレスのアクセサリーや手袋などの小物が、追加されることがあります。

　参列者の衣裳レンタルや着付けが加わると、大幅なアップです。

　例えば母親留袖10万円父親モーニング5万円の場合、両家で30万円です。着付けやヘアアップを加えると、プラス6万円くらいでしょうか。姉妹やおば様など親族が加わると、更に加算されていきます。

　最終的には親御様やご本人が支払われるケースがほとんどですが、新郎新婦に一括請求する場合は、金額の大幅な増加に驚かれることが珍しくありません。

　それぞれの家に請求すれば問題ないのですが、衣裳室としては、プランナー経由の請求が望ましいようです。

　支払いは一括になるとしても、せめて親族関係の経費は別紙を用意し、新郎新婦が理解したり後日請求したりする手助けにしてほしいものです。

ご請求

　新郎新婦が結婚式の前に既に同居している場合、一枚の請求書をお渡しすることがほとんどです。両家で負担する場合、請求書を分けてくださいと依頼されることも珍しくありません。

　両家の負担の割合を新郎新婦から相談されることもあるので、いくつかの例を示します。

　例)
　・折半
　・人数割り
　・7：3や6：4など新郎側もしくは新婦側が多く負担
　・新郎側もしくは新婦側が、全額負担
　・衣裳代は花嫁負担、他の費用は両家で割合を話し合って負担
　・両家それぞれに掛かる費用を、負担

　結婚式の費用負担の詳細を決めるタイミングは、両家顔合わせや結納など両家が揃った時、最初にお見積書をもらった時、最終見積書をもらった時など、様々です。

　親御様から援助をしていただく場合は、費用が確定した最終見積書の後ではなく、再見積書などまだ変更ができるタイミングで相談や報告をすることを、アドバイスします。

　来賓や遠方者などにお渡しする「御車代」や受付や余興に対する「お礼」など、対象者や金額なども事前に話し合うことをお勧めします。

当日

結婚式に立ち会わない場合も珍しくありませんが、結婚式当日に関しても、プランナーの役割はあります。

アドバイス

結婚式は、新郎新婦が様々な側面からゲストから「判断」される機会です。

挙式や披露宴での立ち居振る舞いや美しい写真の撮られ方、配慮すべきブライダルマナーなどを、当日までに丁寧にアドバイスすることが求められます。

[アドバイス：第6章「新郎新婦へのアドバイス」参照]

緊急連絡

緊急事態の場合を考えて、結婚式の前日と当日の所在と連絡先は、最終打合せの段階で確認しておきます。

電車や飛行機など交通機関が大幅に混乱することがあります。

遅延の場合は、定刻にスタートすることがほとんどです。

地震や台風などで交通機関が広範囲でマヒして大多数のゲストが来られない場合は、延期するかどうか新郎新婦に判断を委ねます。

当日キャンセル

新郎新婦からブライダル課に連絡が来た場合は、まずは担当キャプテンと調理場に直ぐに知らせます。その後、関係する各セクションにも連絡を入れます。

第3章

提案力

リスペクト

　前述したように、他部署やパートナー企業のスタッフに対するリスペクトが、もっとも大切です。

　多くのスタッフは、国家資格（調理師免許、菓子製造技能士、レストランサービス技能士、美容師免許、フラワー装飾技能士、写真技能士など）を持っています。「ブライダルコーディネート技能検定」にチャレンジしている方はお分かりだと思いますが、国家検定に合格するためには、膨大な知識と技術が必要となります。

　資格の有無にかかわらず、高額な商品を提供するに値する素晴らしい技量を持っているのが、ブライダルのスタッフ達です。

　できるだけ機会を見つけて、スタッフ達に教えを乞いにいきましょう。直接話を聞いてくれるプランナーのことを「大変さを分かってくれている」と思うので、好意が生まれ、仲間意識を持つようになり、信頼関係に繋がるようにもなります。また、プロの話を直接伺うことで、お客様への説得力が強化されます。

　以前は、料理やテーブル装花、写真やビデオ、司会など多くのアイテムは、プランナーの説明で決まっていました。

　しかしお客様の要望がどんどん多様化し、専門性も高くなってきました。そこで、説明や単価アップするためには専門家が適任だという思惑も相まって、各セクションに打合せや説明を任せるようになりました。

　しかし、プランナーが新規接客や打合せの最中に具体的な相談や質問を受けることも珍しくありません。

　常に知識のアップデートを心がけましょう。

ペーパーアイテム

　招待状は結婚式の第一印象となるので、披露宴と「格」を合わせることが大切です。

　以前新郎新婦が手作りの招待状を出して、ゲストに披露宴ではなく単なる食事会だと勘違いされたことがありました。親族の方からの問い合わせでその誤解が発覚し、直前に体裁の整った招待状を再送しました。新郎新婦が落ち着いた年代の社会人ならば、尚更フォーマルな招待状を用意すべきでしょう。

　WEB招待状が、最近は増えてきました。

　確かに、封筒の宛名の筆耕料や切手代、返信ハガキの切手代を節約できます。ゲストからの返信を一括に管理する利便性も魅力です。ですからWEB招待状を否定する必要はありませんが、そのデメリットはプロとしてきちんと伝えるべきでしょう。

　年配の方から、「ちゃんと招待された感じがしない」などの違和感を持たれることもあります。年上世代のゲストには、紙媒体でご招待することも検討していただく必要があるかもしれません。

　何事も、安価には安価なりの理由があります。

　WEBでオーダーする招待状・席次表・席札の場合では、漢字が制限されることがあります。例えば「斎藤」の異体字は代表的なもので約20種類ありますが、対応できる漢字は限定的です。

　自分の名前に違う漢字を充てられる違和感は、想像以上に大きいものです。ましてや招待された立場では、尚更でしょう。

　席次表に変更が出た場合に対応してもらえる期間も、様々です。

　たとえ見積書に入れなくても、説明を求められたら丁寧に伝えられる知識が必要です。

料理

料理は、施設内の社員が担当することが、ほとんどです。

しかし、残念ながら仲が良くないことが珍しくありません。

「同じ会社の人間だから、分かってくれて当たり前」と、「家族だから、分かってくれて当たり前」と同じような甘えの構造があることも一因です。

相互理解とリスペクトが、大切です。そうでなければ新郎新婦への説明や提案も、低劣な内容となってしまいます。

総料理長はプライドがあるので、気難しい方が珍しくありません。しかしどんどんメニューの相談に押しかけている若いプランナーがいました。総料理長は案外嬉しそうです。

彼女は頻繁に厨房に顔を出し、調理の様子を見たり、ソースの作り方を教えてもらったりしながら、総料理長や調理スタッフ達の懐に入っていたのです。

「当たって砕けろ」の精神には、清々しささえ覚えます。

西洋料理（フランス料理・イタリア料理）

新郎新婦は、おもてなしを重視するあまり、保守的になることが珍しくありません。

例えば「高齢者が多いので、日本料理にしなければならない」というような思い込みです。しかし本当は西洋料理が希望だった場合、諦めの心境になってしまいます。本当にそうでしょうか。

ご年配の方には、若者顔負けの健啖家が多く、レストランでフランス料理のフルコースを最後まで美味しく召し上がっている方を、

よくお見かけします。「西洋料理のフルコースを食べる機会があまりないので、披露宴を楽しみにしている」とおっしゃってくださっている方も、少なくありません。

　硬かったり噛み切るのが難しかったりする食材や料理を避ける、予めカットしておく、お箸もご用意するなどの配慮があれば、一層喜ばれます。

日本料理

　それでもどうしても日本料理にしなければならないと考える場合は、新郎新婦が前向きに考えられるようにして差し上げるのも、提案力の一つです。

　日本料理特有の魅力は、料理を引き立たせる器とのコラボレーションで、器にも季節感やメッセージが込められています。実際写真映えが素晴らしいと、喜んでくださるゲストが多くいらっしゃいます。若い方にとっては、日本料理の非日常を楽しめるいい機会となっているようです。

　また、日本料理とコラボレーションする会場コーディネイトは、とても趣があって個性的です。

　茶の湯会での懐石料理では日本酒が必ずふるまわれますが、宴会での会席料理でも日本酒は相性抜群です。日本酒は全国で造られていて、お国自慢の一つでもあります。新郎新婦や親御様の出身地の日本酒は、話題性があって喜ばれるでしょう。ワインや焼酎なども相性がよく、ドリンクの選択肢が大きく広がります。

中国料理

　中国料理は、西洋料理や日本料理同様に、接待の場として広く活用されています。接待され慣れている方にとっては、特に好評のようです。

　ホテルによっては、中国料理が披露宴メニューの一番人気です。

　一緒に同じものを食べる「共食」は、お祝いの意味合いを強めてくれますが、中国料理は同じテーブルでの一体感が増すので、それも理由の一つでしょう。

　鯛の中国風刺身や北京ダックなどは、まず出来上がった料理を披露した後に、サービススタッフが客席で、スプーンやフォーク、ナイフを巧みに使って、切り分けたり盛りつけたりするゲリドンサービスを行ってくれるところもあります。

　サービススタッフの美しい所作とライブ感は、西洋料理に勝るとも劣りません。

ドリンク

　若いプランナーやお酒が苦手なプランナーは、お酒を飲んだ経験があまりないかもしれませんが、それはプロとしては言い訳にもなりません。

　アルコールもノンアルコールも、進化しています。

　乾杯だけでも、シャンパンやスパークリングワインの銘柄や、スパークリングの日本酒など、選択肢が年々広がっています。

　テロワールの観点から、日本ワインもその上質さが高く評価されるようになっています。

　ドリンクに関するアップグレードの説明をするためには、常に最

新の知識が求められているのです。

　人数分のアップグレードなので、一人あたりの金額は小さくても、総額となると大きな増額となります。

　その価格と価値を丁寧に説明できなければ、お客様にはただの単価アップにしか見えません。

ドリンクメニュー

　おもてなしの表現の一つとして、ドリンクにこだわる新郎新婦が増えています。

　そこで、メニュー表にドリンクも書き添えではいかがでしょうか。新郎新婦が丁寧に選んだ「思い」やそれぞれのドリンクのちょっとした説明や豆知識は、ゲストの知的好奇心を満たす演出の一つとなるでしょう。

　ソムリエを、日本料理レストランや中国料理レストランに配置するホテルが増えてきました。ワインの種類が豊富になり、どの料理にも合うワインがあるからです。披露宴でも、日本料理や中国料理でもワインを楽しんでいただきたいものです。

　例えば世界や日本の地図にワインの特徴を書き添えれば、味覚に加えて、視覚でも楽しんでいただけます。

　中国酒には、醸造酒（黄酒）と、蒸留酒（白酒）があります。

　長期間熟成した黄酒「老酒」のなかで、紹興市でつくられたものが「紹興酒」です。紹興では、女の子が生まれた際に紹興酒の甕を庭に埋め、その子の婚礼の際に掘り出してみんなで飲むという習慣がありました。結婚式のストーリーとしてもぴったりです。

ストレート、ロック、温める、氷砂糖を加える（日本のみ）など、いろいろな飲み方を楽しめます。大きな甕からサービスすると、甕独特の美味しさと共に、演出の一つとなります。

　濃厚な味わいが苦手という人には、「白酒」があります。中国では、全国的に宴席の乾杯で「白酒」が使われていたので、結婚式の雰囲気にも合います。無色透明で香りが高く、口当たりもまろやかです。以前はストレートで飲んでいましたが、今はロック、水割り、ソーダ割、カクテルなど、自由に楽しんでいただけます。

　日本酒は、銘柄に加えて、「大吟醸・純米・本醸造」などの特定名称とその特徴、産地、甘さ辛さの度合いなどを書き添えます。

　焼酎は、銘柄に加えて、「芋・麦・米」などの原材料や産地、「ロック・水割り・お湯割り」などお勧めの飲み方も書き添えます。

　日本酒や焼酎は、その地域のブランドとして、地元の人にとって誇り高いものでもあります。新郎新婦や親御様だけでなく、メインゲストの出身地なども考慮して選ぶと、喜ばれるでしょう。

　日本茶は、「静岡・宇治・鹿児島・伊勢・八女」などの産地によって、香りや味わいが変わります。日本茶インストラクターなどのアドバイスも参考にするといいでしょう。

　中国茶は、七大茶（緑茶・白茶・黄茶・青茶・紅茶・黒茶・花茶）があり、バニラのような香りのものもあります。お湯の中で花開く工芸茶は、披露宴の華やかさにぴったりです。

宴会サービス

　「私は親の気持ちでサービスしているので、時には親御様と一緒に泣いてしまいます」と、照れた表情で話すキャプテンがいました。「新郎新婦の代理として、おもてなしの心を料理と共にお届けしています」と、胸を張る宴会サービススタッフもいました。

　結婚式当日、ゲストのすぐそばにいるのはサービススタッフです。彼ら彼女らがそのような思いを持って結婚式に臨んでいることを、是非新郎新婦にお伝えください。きっと安心してくださいます。

キャプテン

　キャプテンの仕事は、結婚式の進行のための統括をすることと、新郎新婦が緊張しないように誘導をすることです。

　アクシデントや進行の遅れが発生した時は、司会者と連携して調整します。ゲストにも常に気を配る、披露宴の司令塔です。

　ホテルや結婚式場など大きな施設では、直近になって担当が決まることが珍しくありません。そのためプランナーから回ってくる情報（進行表や席次表など）を参考にしますが、そこに心情的なことはどれほど書かれているでしょうか。

　あまり多くの書き込みがあっても、それを全て読み取るのは難しいでしょうが、新郎新婦の性格、特に留意したいゲストなどが分かれば、とても助かります。

BBミーティング

プランナーと宴会サービスの仲が悪い施設が珍しくありませんが、背景を知るとその理由が分かります。

プランナーは、新郎新婦の要望をできるだけ叶えてあげたいという思いです。一方サービススタッフは、料理を美味しく提供することを責務だと思っています。

例えば演出で照明が落ちると、料理が安全に提供できなくなることがあります。サービスする動線が変わってしまうこともあります。時間が押してしまうことで、料理のタイミングが合わなくなることもあるでしょう。容認できないのは、理解できます。

しかしそれらの不都合を事細かに伝えないサービススタッフが、少なくありません。

新郎新婦の要望の背景について言葉を尽くして説明しないプランナーも、少なくありません。

それでは、諍いとなっても仕方ないでしょう。

B（ブライダル）B（バンケットサービス）ミーティングを、強く推奨します。例えば、ブライダルフェアで模擬披露宴や試食会の企画を立てる段階から意見を交換すると、それぞれの立場を理解することができるようになります。

実際に、BBミーティングが相互理解や意思疎通に繋がり、その後良好な関係性を維持できるようになった事例がたくさんあります。

その様子を新郎新婦に伝えることは、安心感に繋がります。

どの施設でも「私達はチーム全体で結婚式に取り組んでいます」

というフレーズをよく口にしていますが、具体性に欠けています。

　このような取り組みを話すことは、サービスとの一体感をきちんと伝えることができるので、大きな差別化になるのです。

サービス出身のプランナー

　宴会サービス出身のプランナーが珍しくありませんが、二つのタイプに分かれます。

　一つは、「結婚式が終了した後、次の結婚式のセッティングを行うドンデンの時間がないから」「この会場は狭いから」「この式次第では時間に余裕がないから」など、新郎新婦の要望よりも、サービスの動きやすさや効率性を重視するタイプです。

　サービスで経験豊富なことがマイナスに働いています。固定観念や先入観があり融通が利かないので、成約率もよくありません。

　もう一つは、大変さは重々理解しているが、それでも試行錯誤して、新郎新婦の要望をなんとか可能にしようとするタイプです。当然のことながら、成約率は高いです。

　こういうタイプのプランナーは、サービスを一度もやっていないプランナー達の意見も、上手に取り入れます。

　以前、「時間がないから迎賓はしない、ゲストが着席したら一皿目の料理とアルコールを出す、乾杯の時から二皿目を出す」という、素人ながらの意見を出したことがあります。

　しかしそのプランナーは、その意見に価値を認め、サービススタッフ達にも理解を求めてくれました。

　ブライダルスタッフとサービススタッフの橋渡しになってくれる、本当に心強い存在です。

アテンダー

　結婚式当日に、お仕度から終了まで新婦に寄り添うアテンダー（介添え）は、困ったことや迷うことがあればどんなことでも相談してよい、心強い味方です。

　長年アテンドをしている方はその道のプロですから、多くを語らなくても察することができて対応できる、とても頼りになる存在です。具体的なエピソードをいくつか紹介すると、新婦も安心してくださるでしょう。

　親御様にも、是非アテンドスタッフをご用意いただきたいと思います。

　多くの親御様は、式場で着替えます。しかし着替える場所はどこなのか、着替えた荷物はどこに預けたらいいのか、その後はどこに行ったらいいのかと、右往左往してしまいます。親族紹介や集合写真の時に、他の人を呼びに行くなどして、行方不明になることも珍しくありません。受付が終わると、ご祝儀袋を渡されるので、それをどこかに預けに行かなければなりません。

　披露宴会場では、主賓やスピーチ、演出などをしてくださったゲストに対してお礼のご挨拶に回ります。しかしゲストは席を離れることが多く、誰にご挨拶を済ませたかどうか分からなくなってしまうことも少なくありません。御車代を、お渡しする場合もあるでしょう。お色直し中などにビデオを流す時や花嫁の手紙、お開きの直前などに行方不明になり、進行が滞ることもあります。

　お開きの後も、ご祝儀袋を受け取ったり、着替えたり、多くの荷物を預かったりと、退館するまで大忙しです。

　アテンド料として、1人いくらと設定していいと思います。新婦

だけに 1 人なのか、両家それぞれの親御様にもつけて 3 人なのか、選択肢を設けるべきでしょう。

　後日クレームが発生した時に、親御様が新郎新婦をたしなめてくださることがあります。もしも親御様にも不満が残っていたら、新郎新婦をたしなめるどころか、援護射撃するかもしれません。

　それほどに、親御様の満足度は影響が大きいのです。

　ある有名レストランでのウエディングでは、親御様に一番優秀なサービススタッフを付けるほど、気を遣っています。安心してお過ごしいただきたい気持ちに加えて、その後のレストランの評価に直結するという認識があるからです。親御様の年代の口コミは、確実に影響力があります。その点も加味するべきでしょう。

衣裳

　「この衣裳が着たいので、ここにします！」という新婦に、何度もお目にかかっています。それほどに、衣裳の影響力は大です。

　結婚式の衣裳は、新郎新婦の印象の良し悪しに大きく関わっています。自分が着たい衣裳ではなく、ゲストに好印象を持っていただき、これからの結婚生活も応援していただけるような衣裳を選ぶことが大切です。パーソナルカラーやボディ診断など、客観的な視点も交えた提案は、説得力があります。

　和装の花嫁を見て、「着てくれてありがとう」と涙するおばあ様を見かけることが、珍しくありません。新郎新婦以外の方の気持ちも汲み上げられるようになれば、提案の幅は広がっていきます。

　海外やフリーマーケットから、ウエディングドレスを 1 万円前後

で購入することができるようになったので、「レンタル料数十万円の意味が分からない」と言うお客様もいらっしゃるでしょう。

　当然のことながら、高名なデザイナーによるデザインや高級な生地など、商品自体の価値が全く違います。小物などトータルイメージも加味した、丁寧な説明やアドバイスが求められます。

　当日の状態も、持ち込みドレスとは大きく違います。直前までサイズ調整をしたり、当日しわのない状態に仕上げたりなど、多くのプロの手が入るので、安心です。

　インナーも、フリーマーケットなどで購入する新婦が散見されるようになりました。そのような危険性も事前にお伝えします。

［花嫁衣裳：p228参照］

ヘアメイク

　ヘアもメイクも、左右対称の美人顔に修正するものなので、新婦は一層美しくなります。

　ヘアメイクのリハーサルやセミナーでプロのアドバイスを伝え、結婚式当日だけなく、それまでの日々も楽しく過ごしていただきたいものです。

　日常生活でヘアアップをすることが滅多にない花嫁は、結婚式でのヘアアップに不安を感じます。そのような気持ちを汲んで、ヘアアップ体験ができる機会を設ければ、結婚式への安心感や期待感に繋がるでしょう。

ブーケ・会場装花

　ブーケは、花嫁の体型やドレスラインとのバランス、ブーケの持ち方で、新婦のプロポーションを一層美しく見せる効果があります。

　衣裳や会場とのバランスだけでなく、このようなパーソナルな提案をすると、とても喜ばれます。

［ブーケの持ち方：p232参照］

　テーブル装花は、色やデザインだけでなく、花の格も大切です。

　野草を連想するような花と高貴な印象の花では、会場の雰囲気は全く違ってきます。高価な花材を使いたくても予算が限られている場合は、本数で調整するのも一案です。

　「フォーマル」「カジュアル」「ナチュラル」「テーマカラー」など、衣裳や料理とのバランスを考えてコンセプトを決めると、自然とコーディネイトが整ってきます。

　会場装花は、街のお花屋さんのアレンジメントに比べると、とても高額に感じますが、そこにはいくつもの理由があります。

　店頭に並ぶアレンジメントに使用する花は、開花しているか開花間近のものを使用することがほとんどです。

　一方、結婚式で使用する花は「いい状態の花を確実に確保するため、必要数以上をオーダーする」「当日もっとも美しいタイミングで開花するように、温度をコントロールしながら保管する」「空調で花が萎れないように、会場の直近で、直前にアレンジする」「披露宴会場で、最後の仕上げをする」など、ハードルが数多くあります。例えばヘアドレスで人気のダリアは、半開きの状態で搬入し、当日

に全開になるようにしています。それを実現するためには、広いスペースと多くの専門スタッフが必要になるのです。

　スタッフのプロとしての仕事ぶりと共に、価格の理由を丁寧に説明したいものです。

　新郎新婦をスタッフに引き継ぐ前には、「センスのいいフラワーコーディネータがいて、おしゃれな花を作ってくれるんですよ」といったアプローチもしたいものです。人間関係の構築の一助になるからです。そしてお客様は、「プランナーは、花の知識とお客様への興味を持っていてくれる」と、心強く思うでしょう。

写真・ビデオ

　写真やビデオは高額になるので、新郎新婦の意向に沿って見積書に入れない場合があります。しかし、引出物や引菓子ならば後で追加することが可能ですが、写真や映像は取り返しのつかないものです。多くの人が後になって分かる「価値」を、ブライダルのプロとして丁寧に説明しましょう。

　最近はスタジオ写真が減少傾向にあります。確かに高額なのですが、それには理由があります。スタジオカメラマンの技量は、他のカメラマンと一線を画します。美しいポージングや伝統的な和装の撮影や画像処理など、仕上がりを見れば一目瞭然です。

　今は前撮り撮影が多いので、新郎新婦自身の写真に対するクレームは、以前より少なくなりました。

　しかし当日の親御様やゲストの表情も残したいと思った場合、クレームが発生することがあります。

　写真代はカット数で変わってきます。カメラマンの話では、挙式から披露宴のお開きまで撮る場合、200カットでは難しく、新郎新婦が欲しいと思うシーン全てを撮ろうとすると、4～500カットは必要だそうです。

　「カメラマンは一人でいいので、安くしてほしい」というリクエストもあります。しかしながら、ある程度以上の人数が集まる場合、全ての人のいい表情をいいタイミングで撮ることは、一人では不可能です。

　200カットしか頼んでいなかったりカメラマンが一人だったりという状況であっても、後から「いい写真がない」「楽しそうじゃない」などのクレームが来ることもあるので、素人のお客様には分からない詳細を事前に説明することが大切です。

　集合写真を撮らないケースも、増えています。しかし、大切な親族が歳を重ねたり亡くなったりした後に見直す集合写真は、様々な感情を与えてくれます。

　それは、ビデオでも同じです。当時の立ち居振る舞いや声などに接すると、懐かしさを含んだ豊かな気持ちになります。

　写真やビデオは、家族の生涯の宝物です。目の前の価格だけでなく、その価値を丁寧に伝えたいものです。

　親族やゲストがカメラマンを兼ねる場合があります。

　しかし、施設のカメラマン以外は撮影ができる場所が限られている場合があります。また、式次第や会場の特徴を知らないと、撮影のタイミングを逃すことにもなりかねません。

　以前、新婦のお兄様がビデオを回してくださいましたが、全く撮れていないことがありました。お兄様はとても責任を感じ、花嫁は

どう慰めたらいいのかと悩んでいました。こうした事例もありますので、素人の方にカメラマンをお願いすることは、慎重に検討してほしいものです。

　購入を前提とせずに、ビデオを撮るという商品があります。

　後日QRコードでアクセスして３分間視聴していただくと、ほとんどの親御様は購入されるようです。

　結婚式当日の時間は戻ってこないけれど、ビデオには残っているので、やはり思い出として残されたいのでしょう。

　花嫁衣裳はボリュームがあるので、美しいポージングを取るためには、プロのカメラマンによるアドバイスが必要です。

　プランナーもポージングのポイントを学んで、会場見学や打合せの時にアドバイスすると、喜ばれるでしょう。

［立ち居振る舞い：p234参照］

音響

　最近の若者は楽曲に対する造詣が深く、「模擬披露宴で流れる曲で、その施設のセンスが分かる」という声まで聞こえてきます。

　そのような現状を鑑みると、単に「音楽に詳しい」といったレベルの提案では、新郎新婦を満足させられないと痛切に感じます。

　一つの曲でいくつものアーチストやアレンジを紹介できる音楽事務所のスタッフは、プロ中のプロです。

　楽曲にこだわる新郎新婦のために、独立したスタジオやスペースなど、じっくりと検討できる環境も求められています。

司会

披露宴の雰囲気を決めてしまうほど重要なのが司会者の存在です。

プロの司会は、素人とは確実に違います。アクシデントや進行の遅れが発生した時は、キャプテンと連携しながら、巧みな話術でリカバリーすることができます。

また、友人司会と違い、両家と等間隔の立場にいるので、いろいろな立場の気持ちを分け隔てなく察することができ、それは各人への対応にも美しく表れます。

司会者ほど、いろいろな施設の披露宴に数多く立ち会っている人はいません。結婚式やフェアでの式次第や演出などで、是非知恵をお借りしたい存在です。

縁起物

引出物や引菓子に加えて、縁起物を提案することがあります。

縁起物は、引菓子以外で口に入るものを総称して使うことが珍しくありません。引出物や引菓子はゲストにとって想定内ですが、縁起物はサプライズ感があり、結婚式の余韻をいい形で残してくれます。家族で召し上がっていただくことで、結婚式に関する会話のきっかけにもなります。

当然のことながら、少額商品であっても個数が多いので、大きな金額アップに繋がります。

第4章

ブライダル接客のスキル

2：6：2の法則

パレードの法則から派生した「2：6：2の法則」は、組織を構成する人を2：6：2の割合で分類しています。

私なりの解釈では、

2：積極的に仕事をする人

　　自発的に自立的に、志のある「志事」をしています

6：仕事をしているふりをしている人

　　実は言われたことしかやっておらず、

　　それは仕事ではなく「作業」です

2：仕事の邪魔をする人

　　真面目に仕事をしている人を疎ましく思い、

　　甘言やいじめなどで、他の人の足を引っ張ります

しかしながら「2：積極的に仕事をする」ためには、「熱い思い」だけでは足りません。

そこでこの章では、ブライダル接客に必要な「スキル」を紹介します。

プランナーの仕事は、接客だけではありません。

上司や同僚、他の部署、パートナー企業との「協調」や、協調の過程での「リーダーシップ」を求められています。また仕事を後輩に教える「伝授」も大切な仕事です。

お客様が相手である場合、限られた時間の中で全てのスキルを使うことは難しいでしょうが、社内外でマネジメントが要求されるシーンでも活用できるので、参考にしてください。

スキルと人間性

　スキルは、諸刃の剣です。

　悪徳な訪問販売や霊感商法の営業研修では、様々なスキルを学びます。NLPやコーチングなどを駆使しながら会話を進めると、そこから得た情報を活用し、お客様の心を揺さぶり、高額な商品の購入へと誘導できる可能性が大きくなるからです。

　一方、カウンセリングやセラピー、治療など相手を救うことを目的とした会話においても、このようなスキルは重要視されています。信頼関係を構築する礎となるからです。プランナーがスキルを使う時にも、そのような「倫理観」が求められます。

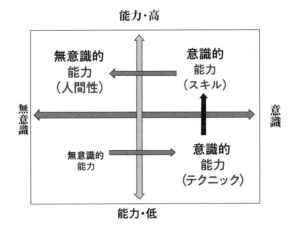

　プランナーになろうと学び始めた時点で、成長は始まります。

　「無意識的能力」から「意識的能力」への移行です。

　学ぶ方法は、結婚式の本を読んだり、学校に通ったりなど、たくさんあります。

　「知識」も「技術」も、学んだ当初は表面的な「テクニック」に

過ぎません。しかし、その「テクニック」を駆使し続けると、能力が高まり、相手に影響を及ぼす「スキル」になってきます。

精神性

　私がもっとも伝えたいのは、「テクニック」から「スキル」に移行するまでの期間の「精神性」の大切さです。

　テクニックを使う時、褒められたい、売上げを上げたいなど、ともすれば自己実現、自己満足が目的になってしまいがちです。

　ほとんどのお客様は、その結婚式が本当に自分達に合っているのか、妥当な値段なのか、分かりません。故にプランナーは、結婚式の提案をしている時に、自己満足なのか、お客様を優先しているのか、利益を上げることを優先しているのか、それともお客様と利益の両方を丁寧に吟味しているのか、プロフェッショナルとしての矜持が問われるところです。

人間性

　意識して使っていたスキルも、経験を積んでいくと無意識に使えるようになってきます。しかし無意識であるが故に、スキルに昇華させるまでの期間の「精神性」が滲み出るようになります。

　それが、スキルを通して得た「人間性」です。

　崇高な精神性を持ちながら育んだ「人間性」を持っているプランナーは、お客様からも会社からも同僚からも尊敬されます。

　と同時に、プランナーという仕事に誇りを持つことができ、それを自身の存在意義に繋げることができるようになります。

　どんなプランナーになるか、どんな人間になるか、それはひとえに「テクニック」を使う時の自分の「精神性」にかかっているのです。

【メラビアンの法則】

相手に対するメッセージ性は、

① 「目からの情報」55%

② 「耳からの情報」38%

③ 「話の内容」 7 ％

と、言われています。

仕事をしている時間に対してお金をいただいている以上、ボランティアでもアマチュアでもなく、プロです。そしてプロである以上、「お客様の求める姿」でいなくてはなりません。

たとえ嫌なことがあったとしても、お客様の前では「プランナーとしてあるべき姿」を演じ続けなければならないのです。

それが結果的に、仕事の成果や自分の誇りに繋がります。

①目からの情報

見た目には、「身だしなみ」と「立ち居振る舞い」があります。

「身だしなみ」は、心を"形"で表すメッセージです。

周りに安心感を与える身支度のことであり、自分が楽しんだり人に褒められたりすることが目的のオシャレとは、全く違います。

ブライダルは華やかなイメージなので、清潔感は大切ですが、地味さは雰囲気に合いません。かと言って、派手さはもちろんNGです。上品な華やかさで、お客様の期待に応えたいものです。

とはいえ、自分でチェックするのには限界があります。固定観念や先入観があるからです。

是非、スタッフ同士で向かい合い、お互いに注意し合えるように

しましょう。言いづらいこともあるでしょうが、相手に良かれと思うことであれば、きちんと伝えられます。

それは仲間に対しての、深い思いやりです。

「立ち居振る舞い」は、心を"動き"で表すメッセージです。

相手が心地よく感じる表情や姿勢、仕草には、品性を感じます。

きちんとした「身だしなみ」と美しい「立ち居振る舞い」によって、お客様が心地よく感じる接客を心がけましょう。

ボディランゲージという言葉があるように、姿勢や身のこなしは、言葉と同じくらい、時にはそれ以上に、自分の人間性や感情が相手に伝わります。

わざわざ足を運んでくださった新郎新婦への感謝の気持ちや、お役に立ちたいという思いを、表情や所作などできちんと表したいものです。

聴く姿勢・話す姿勢・頷き

一生懸命に話す時や聴く時は、知らず知らずのうちに前のめりになっています。そういう姿はプランナーの真剣さが伝わります。

そしてプランナーの真剣さが伝わると、お客様も真剣になってくださいます。

頷く動作は、「話を聴いている」「賛同している」という明確なメッセージですから、相手はとても安心します。

頷きは、首を上下させるだけとは限りません。

成約率の高いプランナーの接客を見ていると、体全体で、深く頷いています。お客様は、その姿に勇気をもらって、たくさんの「実はね…」という話をしてくださるのだと思います。

パーソナルカラー

　第1章で紹介したように、TPOによってお客様が求める好印象は変わります。しかしどのシーンでも「健康的に見えること」と「優しそうに見えること」は、好意的に受け入れられます。眼差しが輝いて優しそうであれば、たとえどんなに厳しいことを言っても、印象を和らげることができるので、プランナーにとっても大切なポイントです。

　そのスキルとして、パーソナルカラーがあります。
　自分の好きな色と似合う色は、同じだとは限りません。
　好きな色は、身に付けていると「心が落ち着く」「楽しい」など自分の感覚で決めるので、「主観的」なものです。
　似合う色は、周りが「感じがいい」と感じる「客観的」なもので、それがパーソナルカラーです。
　プライベートでは、好きな色を存分に楽しんでください。
　しかしビジネスやオフィシャルな場面など好印象が必要な場合は、似合う色を意識したカラーコーディネイトが求められます。

　パーソナルカラーは、赤・青・黄色などの色名で区別しません。
　まず、「ブルーベース（青味がかった色）」と「イエローベース（黄味がかった色）」の2つに分けます。
　「ブルーベース」は、大まかに言うと、原色に青や白やグレーを混ぜた色です。黒・真っ白・シルバーも含まれます。
　「イエローベース」は、大まかに言うと、原色に黄色を混ぜた色で、ゴールドも含まれます。

そして、「ブルーベース」➡「ウインター」と「サマー」、「イエローベース」➡「オータム」と「スプリング」の、4シーズンに分けます。

パーソナルカラーの見つけ方

4シーズンアドバイスシートの、目の特徴、肌や髪の色の特徴を参考にしてください。最近は、SNSでもパーソナルカラー診断ができるようになりました。是非試してみてください。

似合う色と苦手な色で起こる変化も、手がかりとなります。

顎の下に色を持ってきて、試してみてください。

顔色

　OK：健康的に見える

　　　（頬にほんのり赤みがさす・肌に透明感が出るなど）

　NG：不健康に見える

　　（青ざめたり黄ばんだり見える・しわやシミが目立つなど）

目

　OK：眼差しが優しくなる、目の輝きが増す

　NG：眼差しがきつくなる、目の輝きが減る

顎のライン

　OK：顎から耳のラインがすっきり見える

　NG：二重顎に見える

先入観や固定観念などがあるので、第三者にも観てもらい、意見

を求めた方が確実です。

　自分の似合う色の傾向が分かったら、スーツ、シャツ、ネクタイ、スカーフ、アクセサリー、メガネ、時計、髪のカラーリング、マニキュア、メイクなど、身に着けるもの全てのコーディネイトに活用します。
　制服があったとしても、ヘアメイクや小物でイメージをよくすることができます。

　似合うシーズンの中には、優しそうに見える色だけでなく、凛として見える色もあります。例えば初対面やヒアリングの時は優しそうに見える色、お見積りやクロージングの時は凛とした色と、シーン別に効果的に活用してもいいかもしれません。

　結婚式で「見た目で判断される」ことも多い新郎新婦にとっても、パーソナルカラーは大切です。プランナーが診断をすることはできないかもしれませんが、重要性は丁寧にアドバイスしてあげてください。

［花嫁衣裳：p228参照］

4シーズンアドバイスシート

	ブルーベース		イエローベース	
	ウィンター	サマー	オータム	スプリング
白目	ホワイト	ソフトホワイト	アイボリー	アイボリー
黒目	ダークブラウン	ブラウン	ダークブラウン	ブラウン
瞳の縁取り	ハッキリ	ぼんやり	ぼんやり	ハッキリ
肌の色	ピンクベース	ピンクベース	イエローベース	イエローベース
髪の色	ブラック	ソフトブラック	ダークブラウン	ブラウン
ニュートラルカラー	ブラック・ホワイト ネイビー チャコールグレー	ソフトホワイト ローズベージュ ローズブラウン グレー・ネイビー ブルーグレー	オイスターホワイト ベージュ・キャメル ダークブラウン ゴールド・ブロンズ オリーブ	ブラウン アイボリー・クリーム ベージュ・キャメル ウォームグレー
ベーシックカラー	原色 （オレンジ・イエロー以外）	ブルーレッド ウォーターメロンレッド ブルー	フォレストグリーン モスグリーン ダークレッド オレンジレッド	オレンジ イエロー イエローグリーン オレンジレッド
イメージカラー	元気の出るような きびきびとした色 クリスマスカラー 透明感のある アイシーカラー	少しくすんだような 優しくソフトな色 原色に白やグレーを少し混ぜた色 パステルカラー（黄味系を除く） 梅雨に咲く紫陽花 ココアパウダー	アースカラー くすみのある 落ち着いた色 渋みのある色 紅葉の季節の風景	生き生きとした色 はっきりとした 明るい色 きれいな色 ビタミンカラー 春のお花畑 若葉・新緑
イメージ	華やか シャープ 個性的 はっきりした ドラマチック	柔和 エレガント ひそやかさ	洗練 都会っぽい 大人っぽい 成熟	可愛い 健康的 キュート 若さ
アクセサリー時計・メガネ	プラチナ シルバー ホワイトパール ダイヤ・クリスタル ルビー・サファイヤ ブラックオニキス	シンプルで上品 シルバー ホワイトゴールド ピンクパール ダイヤ（無色・ブルー・ピンク） スタールビー アメジスト	アンティークゴールド 銅・木 アイボリーパール イエローダイヤ トパーズ・オパール 琥珀	軽い感じがするもの イエローゴールド クリームパール イエローダイヤ アクアマリン アメジスト トパーズ
スーツ	ダークネイビー チャコールグレー 無地・ストライプ 他の色が織に交じっていないように確認	紺・グレー系 細いストライプ グレンチェック	濃い茶 オリーブグリーン マリンネイビー	ミディアムグレー ブライトネイビー グレー生地×ブラウン ストライプ
シャツ	ピュアホワイト ブルー系・グレー系 ネイビーストライプ	ソフトホワイト パステルカラー	オイスターホワイト ソフトホワイト	ソフトホワイト アイボリーホワイト
ネクタイ	シャープな印象 色・柄共に コントラストはっきり 曖昧な柄は避ける	ソフトな色合い 無地・水玉・小紋柄	深くリッチな色 シックな雰囲気 明るすぎる色× ペイズリー ストライプ・小紋柄	明るくて 軽やかな印象 くすんだ色× 無地・小紋柄
靴・ベルトバッグ	ブラック	ブラック・紺 ブルーグレー	濃い茶 茶・ブラック	茶 明るい茶・キャメル

②耳からの情報

　内容を正確に理解してもらうためには、「分かりやすい言葉」と「伝わりやすい声」が、大切です。

　しかし接客の場では、それだけでは不十分です。どんなにいい内容であっても、接客者の話しぶりが偉そうだったり頼りなさそうだったりしたら、お客様は話をまともに聞いてくれないからです。

　接客者は、正確性以前に、好印象が求められます。

　その中でも、ブライダルは特に大変です。これから挙げようとする結婚式は、目に見えない時間と空間です。プランナーは新郎新婦ができるだけ想像しやすいように説明しなければなりません。

　「NLP」のスキルで言葉や表現をマッチさせることを心がけることも、求められます。

[NLP：p138参照]

言葉遣い

　言葉遣いは、話の内容だけではなく、自分自身の性格や人間性までも、相手に伝わります。

　相手が家族や友人であれば、自分の気持ちをありのままに伝えた方が、お互いに分かり合えるでしょう。接客の場面でも、お客様という意識があるので、それほど心配には及びません。

　ただし、新郎新婦がプランナーよりも年下の場合は、打合せが進んでいくうちに、カジュアルな言葉遣いになりがちです。

　お客様はどんなに親しくなっても、お客様意識が必ずあります。お出迎えとお見送りの際の挨拶はきちんとして、立場をわきまえていることを示すことが大切です。

敬語

相手に対する敬意を「好意的」に受け止めていただいてこそ、敬語は意味を持ちます。

慣れない敬語を正確に話そうとすると、緊張してしまうものです。上手に話そうとするあまり、自分でも気づかないうちに気取った話し方になっている場合もあります。それでは、お客様はその言葉を心地よく受けとめることができません。

日常的に美しい言葉を使って、自分のものにしましょう。

そして、ゆったりとした気持ちで、心を込めて話しましょう。

話し方

声

たとえ気分が乗らない時でも、お客様に安心していただくために、明るい声で話すことを心がけます。

高すぎる声や大きな声は、上から目線の印象を与えます。

低すぎる声や小さな声は、自信のない印象を与えます。

強調したいところは高くて大きな声で、お客様に考えてほしいところでは低い声でなど、メリハリをつけます。

そして、大事なことは、少し小声で伝えます。集中して聴いてくださるからです。

語尾

語尾だけ強くなったり弱くなったりする人がいます。強いと、押し付けがましくなり、反発されます。弱いと、自信がなさそうで、不安になります。

語尾の癖は、自分では気づかないことが珍しくありません。

誰かにチェックしてもらうと、よく分かります。

スピード

早口で話していると、お客様は興味があるのか理解しているのか、確かめることができません。

少しゆっくりと話すと、お客様の反応を観察することができ、お客様も聞き取りやすくなります。

早口で話すお客様の場合、こちらも少し早口で話をすると、お客様はいいリズムでおしゃべりを楽しんでくださいます。

しかし、卓球のようにポンポンと言葉を返すと、話は盛り上がっても、内容は心に残りません。

大切なことを伝えたい時だけは、少しゆっくり話します。

ゆっくり話すお客様に対して早口で話すと、お客様は返答するタイミングを失い、プランナーだけが話す状況になりがちです。

言葉を受けとめたら、一度ゆっくりと頷いて、それから言葉を返します。

お客様に、ゆったりとしたリズムで会話を楽しんでいただきたいからです。

間

言葉の間に「えー」「あのー」などの間投詞を入れる癖がある人がいますが、聞き苦しいものです。

間投詞が入りそうになったら、いったん飲み込みます。

適当な「間」ができて、会話のリズムも整ってきます。

【NLP】

　NLPは、Neuro Linguistic Programing（神経言語プログラミング）の頭文字から、名付けられています。

　1970年初頭、カリフォルニア大学の心理学部の学生であり数学者だったリチャード・バンドラーと言語学の助教授だったジョン・グリンダーが心理学と言語学の観点から新しく体系化した、人間心理とコミュニケーションに関する学問です。

　セラピーの現場で天才と称された三人のセラピスト達の分析から生まれました。

　NLPを学んだ有名なコーチが低迷していたテニスプレーヤーを世界一に復活させたり、欧米の大統領がNLPを学んで演説で活用したりしたことが、広く知られています。

　人の五感は、視覚・聴覚・触覚・味覚・嗅覚です。

　NLPでは、それを視覚・聴覚・触運動覚（触覚・味覚・嗅覚）の３つに分けます。

　情報を収集して判断する時には、それらの感覚が基になりますが、もっとも大切なのは、「どの感覚が鋭いかは、人によって違う」ということを認識しておくことです。

選択の基準

感覚のバランスによって、選択の基準が変わってきます。

例えば、部屋を借りようとする場面です。

視覚が優位（他の感覚よりも鋭い）の人は、外観やインテリア、日当たりの良さが気になります。

聴覚優位の人は、遮音性や利便性と、家賃とのバランスが気になります。

触運動覚優位の人は、居心地の良さが気になるものです。

車を買おうとする場面でも、違いがよく分かります。

視覚優位の人は、車のデザインや色にこだわりがあります。

聴覚優位の人は、エンジン音や音響そして価格が気になります。

触運動覚優位の人は、座り心地や、ハンドルを握った感触に心を惹かれたりします。

結婚式場の場合は、どうでしょうか。

視覚優位の人は、チャペルや会場の外観やインテリア、ドレスなどが写真映えするほど美しいことが、決め手になるかもしれません。

聴覚優位の人は、挙式の静けさ、披露宴のにぎやかさ、自分好みのBGMなど耳からの情報に加え、利便性やコストパフォーマンスなどのデータが気になります。

触運動覚優位の人は、厳かだったりアットホームだったりという雰囲気や空気感を大切にしています。あたたかいスタッフの存在も、気になるところです。

言葉や表現をマッチさせる

　特に親しいわけではないけれどポンポンと会話が続くお客様がいます。一方、決して嫌っているわけじゃないのになぜか会話が弾まないお客様もいます。「話が合わない」「話が続かない」のは、言葉や表現がすれ違うことで、テンポが作れないからです。

　これではラポールを形成するのに時間がかかってしまいます。

　伝えたい内容は同じでも、人によって説明の仕方（言葉や表現）は違い、その背景には「感覚」の違いがあります。

　お客様に微妙なニュアンスまできちんと伝えられるよう、お客様の感覚に合わせて、「理解してもらいやすい言葉や表現」に変えてあげることが求められます。

　伝えることは、「相手が理解して、納得して、行動に移してくれる」ことで、完結するからです。

すれ違う会話

　新郎新婦に尋ねます。

　「どんな結婚式がしたいですか？」

A：「そうですねぇ～、すごく広い会場で、ドレスやお花にもこだわりたいです」

　あたかもその風景を見ているような表情で、話してくださいます。目線は、上を向いています。

B：「みんなから、おめでとう！よかったね！と、賑やかに言ってもらえるような式がいいです。でもコストパフォーマンスも気になります」

　目線は、横を向いています。

Ｃ：「あったかい雰囲気にしたいです。ふわふわした感じかな」
　嬉しそうな表情でおっしゃいます。

　Ａさんは視覚が、Ｂさんは聴覚が、Ｃさんは触運動覚が、他の感覚に比べて鋭いようです。そして無意識のうちに、その感覚を言語化して伝えています。
　感覚の優位性が違えば、使う表現や言葉も違ってくるのです。

　視覚優位のお客様（Ａさん）ならば、ビジュアル的な要素を加えた説明をした方が、頭の中で映像化しやすく理解度も深まります。
　聴覚優位のお客様（Ｂさん）ならば、賑わいを具体的な曲で演出した提案や、具体的なプランの説明の方が、納得を得られやすくなります。

　プランナーが触運動覚優位の場合、自分でも気づかないうちに、「この会場って、とても落ち着く雰囲気なんですよ」「うちのスタッフって、すごくあったかいんですよ」など、体感的な説明をしているかもしれません。
　同じ触運動覚優位のお客様（Ｃさん）であれば、「そうなんですね！」と、意気投合してくださるでしょう。
　しかし、ＡさんやＢさんは、チンプンカンプンです。
　まずは、自分はどの感覚が優位なのかを見極めて、次にお客様の感覚の優位性に合わせた言葉や表現を使うことで、お客様の思いを丁寧に受けとめられるようにしたいものです。

資料をマッチさせる

　説明する時の資料を自分で作っているプランナーがいますが、情報として偏っていると感じることがあります。

　視覚優位の人が作成すると、写真や動画が多くなります。聴覚優位の人が作成すると、金額やデータなどの数値が多くなります。触運動覚優位の人が作成すると、説明文に「あたたかい」「アットホーム」「和やか」「嬉しい」「楽しい」など、体感や心情を伴った言葉が多くなります。

　本人は満足していると思いますが、片手落ちです。

　私が講演などで多くの人に何かを伝える時には、パワーポイントやジェスチャー（視覚的要素）、声の強弱やデータ（聴覚的要素）、心情の吐露（触運動覚的要素）などを織り交ぜて、全ての感覚の優位性に寄り添うように心がけています。

　お客様の感覚の優位性は、様々です。資料も接客も、全ての感覚に訴求するものを心がけることが、求められます。

感覚の優位性を見つけるヒント

質問1「海を思い出してください」

　海のことを考えた時、何が起こりましたか？

　美しい風景や誰かの笑顔などを、写真のように、もしくは映像のように思い出した人は、視覚優位です。

　自分を包み込む波の音やその時に聴いた音楽、誰かの笑い声や言葉など、音に関することを思い出しした人は、聴覚優位です。

　楽しかったなど、その時の感情を再体験したり、水の冷たさや波

に足元を持っていかれるような感覚がしたりなど、体に感じること
を思い出した人は、触運動覚優位です。

質問2「あなたは、どの説明が一番ピンときますか？」
　　　「あなたが説明する時には、どんな表現をしますか？」

例1：とてもショックだった時
　A「目の前が真っ暗になりました」（視覚）
　B「心がガラガラと崩れていくようでした」（聴覚）
　C「胸が痛くなりました」（触運動覚）

例2：二つの「緑」（黄緑と青緑）の違いを説明する時
　A「黄味がかった緑と、青味がかった緑」（視覚）
　B「明度や彩度、色の配合具合などを数値や、具体例」（聴覚）
　C「あったかい感じの緑と、涼しい感じの緑」（触運動覚）

　自分は視覚・聴覚・触運動覚、どの感覚が優位なのか、なんとな
く分かってきましたか。

特性

　それぞれの優位性の特徴的な特性を、紹介します。
　あくまでも目安ですが、自分やお客様がどのタイプなのか、行動
や言葉、表現をチェックしてみてください。
　お客様のタイプ別の対処法（＊部分）も多少書き添えておきます。

◆視覚が鋭敏な人

姿勢

　背筋をぴんと伸ばして、頭を上げ加減

呼吸

　浅くて速めの胸式呼吸

　　＊まずは相手の呼吸のテンポを合わせ、その後ゆっくりと呼吸
　　　すると、相手もゆっくり呼吸するようになる

動作

　言葉を補うようなボディランゲージで、大きさや長さは手や指を
　広げて表現したり、数は１，２，３と指を立てたり曲げたりして、
　視覚的に分かるように説明する傾向がある

　上体を前に乗り出すように、椅子に浅く腰かけている人が多い

話し方・聴き方

　わりと声が高くて、早口気味

　流れるように話すのも、特徴の一つ

特徴的な言葉・表現

　「話が見えない・見えた」

　「見通しが立った」

　「クリアになった」

　「ここって盲点ですね」

　「あの人って、考え方がスクエアだよね」

　など、明暗や色彩、形に関する表現が多い

　　＊パワーポイントやグラフ、写真や図など、目で見て分かるも
　　　のを使って話すと、理解してもらいやすい

◆聴覚が鋭敏な人

姿勢

　左右どちらかに頭を傾け、まさに耳を傾けている

動作

　耳に手をあてたり、腕組みしたり、相手の顔を見るよりも声を聴いていることが多い

　一見眠っているように見える時もあるが、ちゃんと聴いている

　音に敏感なだけに、騒音や雑音があると集中できない

　　＊話をする時は、静かな場所を心がける

話し方・聴き方

　一定のフレーズやテンポ、イントネーションで話す

　音声だけではく、相手の声のトーンにも敏感

　音楽にもこだわりがあり、電話での会話を好む傾向がある

　　＊少し間を空けて、確認するように話をするとよい

特徴的な言葉・表現

　「ぶつぶつ言う」

　「ぺちゃくちゃしゃべる」

　「波長が似てますね」

　「あの日は賑やかでしたね」

　「もう少し私の話に耳を傾けてください」

　「なんだかひっそりとしていますね」

　擬音語を使う人も多い

　論理的な文章を使って表現することを好む

　文字や数字にも敏感で、定義を大事にする傾向がある

　　＊ロジカルに話すと、理解してもらいやすい

◆触運動覚が鋭敏な人

姿勢

　ちょっと頭を低くして、前かがみで話す

呼吸

　深くてゆっくり、腹式呼吸

動作

　無意識のうちに、感情を手で表現しようとしている

　椅子にゆったりと深く腰掛ける人が多い

　人に急かされるのを好まない

話し方・聴き方

　ソフトな声でゆっくりと話し、話す時に大きな間が空く

　　＊ゆっくり話してもらうことを好むので、こちらもゆったりと
　　　した気持ちで向き合う

特徴的な言葉・表現

　「腑に落ちた」「胸が熱くなりますね」「心が冷え冷えとしてしま
　いました」

　「なんだかグッときますね」

　「胃が痛くなりました」

　「緊張した空気でした」

　「わくわく・どきどきします」

　温度や硬い・柔らかい、軽い・重いなど身体に感じるような比喩
　や、押す、くすぐるなど身体を動かすような言い方もする

　　＊実物に触れ、実際に体験し、実感するのが好きなので、なに
　　　かを伝えたいと思ったら、体感させるのが効果的

【観察】

お客様の「本音」や「真意」、ひいてはお客様の「言わない（言えない）ニーズ」や「気づかないニーズ」を探索するためには、高レベルの観察力が必要です。

「観察」をするにあたり、潤沢な知識や経験、スキルは確かに大切です。しかしもっとも大切なのは、相手を理解し、尊重しようとする精神性です。そうでなければ、肯定的な判断や行動に繋がらないからです。

レベル1　見る・聞く

目の前の映像や音声を受けとめるだけのレベルです。

居酒屋や回転寿司でのタブレットによるオーダー、通信販売、アンケートだけを頼りにするプランナーは、このレベルです。

レベル2　観る・聴く

観るは、「観察」にも使われるように、「察する」という美しい行為が加わります。

しかし、察することは自分の判断に基づいた「主観的な行為」なので、これまでの経験や知識などから形成された固定観念や先入観というフィルターがかかっています。

そうであるならば、フィルター越しに観て察したつもりのお客様の要望が、お客様の本音や真意と同じとは限りません。

本音を探るための「手がかり」を見つけることが求められます。

目は嘘をつかない

　私はいつも、お客様の「目」を手がかりにしています。「目は、口ほどにものを言う」どころか、「目は、嘘をつかない」からです。

　期待感、優越感、緊張感、警戒心などは、目の表情に表れます。

　目がキラキラ輝いていたら、期待感でいっぱいです。どんな写真や言葉に前のめりに反応するか、期待してもらえている部分を丁寧に探します。

　ちょっと上から目線なら、優越感を抱いているからかもしれません。特別感を感じてもらえるようなちょっとした気配りが、意外と効果的だったりします。

　目を逸らし気味なら、興味が薄いということです。それ以上話を続けず、お客様の疑問や希望を伺うことを優先します。しかしながら、そのサインに気づかず、いつまでも説明を続けているプランナーを散見します。

　下を向いていたり、落ち着かない様子で目線がきょろきょろしたりしている方は、緊張している場合が珍しくありません。

　「今日は電車でいらっしゃったのですか？」など、Yes/Noなど簡単に返答していただけるような質問をします。一言でも声を発すれば、お客様の心が落ち着くからです。

　目線が冷たかったら、警戒しているのかもしれません。でも、それは当たり前のことです。

　大切なのは、プランナーがお客様の雰囲気にのみ込まれないことです。真摯に、そして毅然と向き合うことで、ブライダルのプロとしての立場を伝え続けましょう。

十四の心で「聴く」

聴くとは、十四の心を持って、耳で聞くことです。

では、プランナーはどんな心を持って聞いているのでしょう。

喜んで欲しい、楽しんで欲しい、お役に立ちたいなど「ポジティブな心」でしょうか。それとも面倒くさい、早く済ませたいなど「ネガティブな心」でしょうか。

それによって、心に思い浮かぶ提案は変わってきます。

お客様に寄り添ったポジティブな心を持ちながらの説明や提案であれば、たとえそれがお客様に否定されても、プランナーとしての誇りを失うことはありません。

しかし、ネガティブな心を持ちながら浮かんだ説明や提案を拒否されたとしたら、自分でも気づかないうちに誇りを失ってしまうかもしれません。

トーン・間

声の口調の「トーン」には、メッセージが込められています。

同様に、「間」にもメッセージが込められています。

トーンや間は無意識なので、本音が滲み出るのです。

例えば「いかがですか？」という問いかけに対する、お客様の「いいですね」です。

プランナーはお客様に賛同して欲しい思いがあるので、「いいですね」と言われたら、その言葉に飛びつきがちです。

張りのある明るいトーンで即時の「いいですね！」は、ほとんど問題ないでしょう。しかし張りのない静かなトーンで少し間の空いた「…、いいですね」では、本当はそう思っていないことが無意識に表れている可能性があります。要注意です。

レベル3　訊く

　レベル2で丁寧に観て、聴いても、それでも自分の理解が正しいとは限りません。間違った判断をすることもあります。

　お客様の言葉を自分なりに「要約をして確認する」ことが大切です。また、お客様の要望が明確に分からない場合は、「質問をして確認する」ことが大切です。

　質問は、「ヒアリング」におけるニーズの探索や「クロージング」における問題発見や問題解決に繋がる、重要なスキルです。

質問の約束事

リラックスモード

　　ラポールが大前提

倫理性

　　お客様を特定の答えへと誘導する質問はしない

好奇心

　　質問の対象はあくまでも「結婚式に関する要望」

　　自分が聞きたいことではない

答えはお客様の中にある

　　口を挟まず、答えを待つ

　「ラポール」の形成がされていないと、お客様は尋問されていると感じて、心も口も閉ざしてしまいます。

　質問は、リラックスモードが大切です。よく観て姿勢や仕草をさりげなく真似をしたり、よく聴いて言葉のペースや表現をマッチさせたりすることで、お客様の心をできる限り和らげます。

　もし答えるのが辛そうだったら、Yes/Noで答えられる質問やあまり考えなくても答えられる質問にするなどの工夫をします。

　リラックスしてくれば、以前答えなかった質問も後で答えてくれることがあります。質問は、タイミングも大事なのです。

　ポジティブな言葉を復唱すると、お客様は自分の言葉を受けとめてもらえたように感じるので、そこから心がけてもいいかもしれません。

　和やかな笑顔と穏やかな声で「あなたは大切な存在」だということを伝えながら、質問します。もちろん、自分自身がお客様のことを大切な存在だと心から思えることが、大前提です。

沈黙を恐れない

　会話の中の沈黙を恐れて、ついつい言葉を発してしまう人がいます。しかし沈黙には、悩んでいる、言葉を探している、気分を害しているなど、様々な理由があります。

　あなた自身が目的をはっきりと理解して質問すれば、お客様はきちんと思考して、自分で答えを探してくれます。

　その結果は「分かりません」や「お任せします」かもしれませんが、それもお客様の答えです。

　お客様がこちらの言葉を欲している時は、目を見てきます。その場合は、こちらから助け舟を出します。

質問の目的

　ブライダル接客における質問の目的は、2つに大別されます。

①確認のために、情報を集める

②お客様の思考を刺激して、気づきを促す

①情報を集める

◆省かれたことを、探す

省略された情報を取り出して、より完全に表現してもらいます。

質問されることで、お客様が忘れていたことを思い出したりすることもあるので、ますます情報が集まってきます。

お客様

「私は、不安なんです」

プランナー

「何について？」「誰について？」「いつ？」「どこで？」

◆あいまいな代名詞を明確にする

代名詞は、名詞の代わりなので、誰なのか、何なのか、はっきりしません。代わりになっている名詞がはっきりしないと、どう対処したらいいのか、考えも深まりません。

質問されることで、お客様が見当外れな信念や、アンバランスなアイデアを見つめ直すきっかけになることもあります。

お客様

「これは、難しいです」「誰も、分かってくれません」

プランナー

「具体的に、何が？」「具体的に、何を？」「具体的に、誰が？」

◆あいまいな動詞を明確にする

動詞も、内容が不明確なので、勝手に察してしまう怖れがあります。

お客様が体験をより完全に再認識することで、きちんと伝えられるようになることもあります。

お客様

「彼は、反対しています」

プランナー

「具体的に、どうやって？」「具体的に、どのように？」

◆固まった意識を、ほぐす

動詞を名詞化すると、動きや意識が固まるので、変化が可能なことも、不可能と思ってしまう傾向があります。

名詞化した言葉を解きほぐして、動詞に戻してあげると、言葉の雰囲気が柔らかくなり、相手の意識まで和らいできます。

お客様

「私は、信頼を得たい」

プランナー

「どのように、信じて、頼ってほしいの？」

②気づきを促す

◆本当にいつも？

人は、無意識のうちに、何かを勝手に決めつけてしまったり、偏見を持ってしまったりしがちです。

しかしそのことに気づけば、心に変化が訪れます。

決めつけてしまったことと矛盾する体験が今までなかったのかを確認させて、「そうとは限らない」と、気づかせてあげます。

お客様

「私はいつも、人前でちゃんと喋れません」

プランナー

　「本当にいつも？」「必ず？」「例外ってないの？」

　　◆どうしても？

　他にチョイスがないと思いこんでしまう信念や心情は、論理的に
は矛盾だらけです。可能性や必要性を別の切り口から考えさせて、
その矛盾に気づくきっかけにしてあげます。

お客様

　「彼に、お願いなどできません」

プランナー

　「もし～したら、どうなるの？」

　「もし～しなかったら、どうなるの？」

　「何がネックに、なっているの？」

　　◆決めつけていませんか？

　自分のルールや信念を相手にも押しつけようとする人は、「人に
よって考え方や見方が違う」ということに、気づいていません。

　自分の意見はもちろん大事ですが、他の人の意見も同じように大
事だと考えるようになってもらいます。

お客様

　「これが、正しいやり方です！」

プランナー

　「誰にとって？」「誰によると？」

「なぜ?」はNG

　ただし、「なぜ?」は要注意です。

◆質問の明確化

　「なぜ、あなたはそうしたの?」とは訊かないことが大切です。

　「なぜ?」と聞かれたら、人はその時の心情やできなかった言い訳などを話したくなるものだからです。

　この質問で知りたいのが「原因」で、原因解明や問題解決につながるような答が欲しかったら、「何が、あなたをそうさせたのですか?」と訊けば、お客様が原因を考えて答えてくれます。そして原因が分かれば、その対策が具体的に講じられます。

◆誤解を避ける

　「なぜ、ダメなの?」と訊かれたら、お客様はあなたに責められているような気分になるかもしれません。「何が、ネックになっているの?」と訊くようにして、誤解を避けます。

前向きに

　「もしもダメだったら、どうします?」これは、ダメの可能性もある、ということなので、前向きな思考につながりません。

　「もしも出来たら、どうなると思いますか?」これも、出来ないかもしれないということなので、NGです。

　「達成したら、どうなりますか?」これは出来ることが前提なので、前向きに考えてもらえます。

レベル 4　尊重する

　丁寧に観て、聴いて、訊いたことで、お客様の本音や真意が見えてきます。そこで大切なのは、その本音や真意を評価しないで、「尊重する」ことです。

　自分の価値観と違う場合もあるでしょうが、違う＝間違いではありません。そもそも自分と100％同じ人はいるはずがなく、自分と違う＝間違いだと思っていたら、周りは間違っている人だらけです。

　大切なのは、その人の考え方や世界観を尊重することです。

　ただし、同意する必要はありません。あくまでも、尊重です。

もっともな動機

　人の言動の背景には「もっともな動機」があります。それは、自分の心や体を守りたい、という深層心理です。

　例えば、何が何でもプランナーの提案を否定したがるお客様がいるとします。

　もしかしたら、客として自分を上位に置くことで、「優越感」を感じたいのかもしれません。しかしそのことで、お客様は自分の自尊心を守ることができます。

　もしかしたら、「警戒心」がなせる業かもしれません。騙されるかもしれないという恐れから、自分の心を守ることもできます。

　やたらと否定ばかりすることはいかがなものかと思いますが、「自分の心を守りたい」という動機は理解できます。

　もっともな動機を理解すると、ネガティブな言動に遭遇しても、「あぁ、自分のことを守りたいんだな」と相手を思いやることで、プランナーが自分の心を守ることにも繋がります。

レベル 5 　 聴

最後のレベルは、聴、一文字で「きく」と読みます。

この漢字には、大切な意味が詰まっています。

「耳」は、大きな耳で丁寧に聴くという意味です。

一見「王」に見えるのは「壬」で、真っ直ぐ立つという意味で、相手の真正面に体を向けて話を聴く、ということです。

真摯に向き合うことを姿勢で示すと相手は安心感を得られます。

「十」と「四」は、十の視点を持つということです。レベル2では十四の心を持って聴きましたが、それはあくまでも自分の主観です。俯瞰した客観性も持ちながら聴くということです。

「一」と「心」は、二心を持たず、話を聴くということです。

余計なことを考えず、相手の話に集中します。

聴は、「ゆるす」とも読みます。

レベル4の「評価しない」を昇華させると、この境地に達するのかもしれません。

高レベルな観察を経て優しい想像力を持つと、肯定的な判断や行動に繋がります。人としてあるべき姿だと思います。

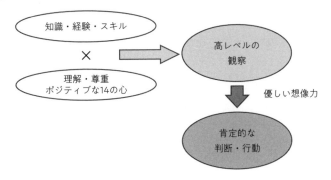

【マナー】

　教養があるかどうかを自分で判断するのは、簡単ではありません。なぜなら、相手の教養の高さによって判断されることが少なくないからです。

　例えば、食事のシーンです。

　日本料理では、音に対してあまりNGはありません。麺をすする音にも寛容です。懐石料理では、食事が終わったことを主人に知らせるためにわざと音を立てて箸を置くという作法もあります。お刺身を食べる時に醤油皿を持つなど、食器を持って食することも、問題ありません。

　一方西洋料理や中国料理では、音を立てることや皿を持つことは絶対にNGです。

　知識がない人であれば、気にすることはないでしょう。しかし知識のある人は、「教養がない」と感じるかもしれません。そして教養の難しいところは、それを相手に伝えることができないということです。

　相手が子どもであれば、教えることができます。しかし相手が大人の場合は、その人の成育歴などを否定することに繋がると感じて、教えることを躊躇してしまいます。

　初婚年齢が上がった今、豊かな教養をお持ちの方の新郎新婦が多いでしょう。そしてプランナーに対して、豊かな知識と同時に、自分達以上の教養も求めています。

　「教養」は、ウエディングのプロとして、接客者として、「信頼へのプロセス」に必要不可欠なコミュニケーションのツールなのです。

エチケットとマナー

　誰からも間違いなく好印象を持っていただける教養の一つが「マナー」です。堅苦しいイメージがありますが、基本さえ抑えておけばTPOに合わせて自分なりにアレンジできるようになります。

　マナーや、上質のマナーと言われるプロトコールの原点は、「相手に心地よい思いをさせたい」という「優しさ」以外の何物でもありません。そしてその優しさを形で示すことで、相手にきちんと伝わります。

　エチケットとマナーは似たようなニュアンスで使われています。

　必要以上にその差を論じる必要はありませんが、それぞれの意味を理解して自分の一部にすれば、自分がどの場面で、どのようにふるまえばいいのかが、分かってきます。

　また、「分かっているつもりで、実は分かっていなかった」という勘違いを避けることもできます。

エチケット

　エチケットの語源は古いフランス語 "estiquer"（貼り付ける）で、諸説ありますが、どれもフランスの宮廷がらみです。

・身分・階級によって貼り付ける札に基づいて席順や手紙などの形式を変えていて、ここから宮中における作法という意味になった
・芝生の立ち入り禁止の立て札が、広い意味で宮廷での作法全般を指すようになった
・宮殿での行動規範が書かれた通用札（チケット）を手にすることは、宮廷に出入りするにふさわしいと認められた証。地方の豪族や貴族はそのチケットが欲しくて、一生懸命礼儀作法を学んだこ

とから、そうした礼儀作法が宮廷の作法を指すようになった

そうした背景を考えると、エチケットとは、消極的な意味では「他人に迷惑をかけたり不愉快な思いをさせたりしないための、常識的な行儀良さ」、積極的な意味では「社交の場で認められるための、作法」、と言えるでしょう。

マナー

マナーの語源は、ラテン語 "manus"（マヌス）で、「手」を意味しています。18世紀にイタリアフィレンツェのメディチ家からフランスのアンリ2世に嫁いだカトリーヌ・メディシスが、ナイフフォークや食事の作法を持ち込んだのが起源だと言われています。

エチケットは「こうしなければ失礼になる」という不変性を持っていますが、一方マナーは、「時代や場所、状況に合わせて柔軟に表すことが美しい」とされています。

例えば、パーティで知人を見つけたら、すぐに挨拶に伺うのがエチケットです。しかし、もし知人が他の誰かと歓談中だったとしたら、会話の邪魔をしないように心がけることが大切です。

さりげなく知人の視界の範囲に立ち、気づいていただけたら軽く会釈し、後で改めて挨拶に伺うという気配りが、マナーです。

エチケットはスマートな立ち居振る舞いなどの「型」であり、自分が好ましいと思う「自分軸」の言動です。

マナーは相手を思いやる「心」をベースにしたスマートな立ち居振る舞いであり、相手が好ましいと思う「他人軸」の言動です。

プロトコール

プロトコールとは、本来国と国との外交儀礼です。公的な行事で「主催者側が決めるルール」なので、そういう意味では「エチケット」です。同時に、文化も宗教も歴史的背景も違う国が一堂に会しても「誰もが心地よく過ごせるようにという配慮」を有しているので、「マナー」でもあります。

仕事やプライベートで国際交流が盛んになった今日では、企業レベルや個人レベルでもプロトコールは必要となっています。

国際交流に限らず日常のお付き合いでも、プロトコールを活用するようになりました。

プロトコールが求める姿
- ・相手に敬意を表する
- ・平等に接する
- ・思いやりのある心配りをする
- ・相手に恥をかかせない
- ・礼儀に反しない
- ・行事や行為を相手が気持ちよく、わだかまりなく、受け入れられるようにする

どれをとっても、人として人に向かう時に大切な、上質なマナーです。そしてそれらは「結婚式」のあるべき姿でもあります。

プロコールの5原則を知ると、新郎新婦として求められる姿やプランナーとして果たすべき役割、ひいては結婚式の理想が見えてくるかもしれません。

プロトコールの五原則

序列の重要性（Rank conscious）

式典での並び順や席次、ゲストを迎賓する時の並び順、会場の席次などです。社会的な地位、会社での役職、年齢など様々な序列があり、大変気を遣います。

披露宴での来賓挨拶や祝電披露などの順番を、皆が納得する形で決めるのは、本当に大変です。新郎新婦の考えだけで決めてしまい、直前になって親御様に全部ひっくり返されることも、珍しくありません。

親御様がこれまで培ってきた人間関係の深さや、これから新郎新婦を支えてほしい相手の優先順位なども関係してくるので、地位や年齢などの序列だけでは図れないことが多いからです。

まずはプランナーが、序列の基本を把握し、新郎新婦親御様それぞれの思いを橋渡しすることが求められます。

右上位（Right of the first）

席は、右側が上位です。宮中晩餐会などフランス式の席次では、主催者が最上席に座ります。そして主催者の右に主賓第一位、左に主賓第二位の席を設けます。（日本の伝統礼法では左上位）

披露宴では、新郎新婦はメインテーブルに、親御様は最も下座に座ることがほとんどなので、メインテーブルの前の来賓テーブルの最上席が主賓第一位、第二位は第一位の右、第三位は第一位の左となります。

とはいえ、「誰と誰を同席させれば、みんなが楽しく過ごせるか」
も、考慮しなければなりません。ですから、交友関係を優先させる
席次にする場合もあります。結果として、序列や右上位にそぐわな
いケースが発生することもありますので、該当するゲストには必ず
事前に理解を求めることが、大切です。

相互主義（Reciprocation）

友好的なお付き合いは、一方通行では成り立ちません。

国同士では、招待や接待を受けたら必ずお返しをします。晩餐会
に招待されたら、答礼晩餐会を行います。贈り物を頂戴したら、お
礼の品を贈ります。

私達の普段のお付き合いでも、自分のできる範囲で、感謝の気持
ちをきちんとした形で伝えることは、相手の行為を大変嬉しく思っ
ているという、明確なメッセージです。

結婚式も、同じです。

「どんな結婚式がしたいですか？」との質問に、あるカップルか
ら「がっかりした！と思われない結婚式がしたいです」という言葉
が返ってきました。そのような経験があるのでしょう。

ゲストの方は、貴重なお休みの日に、ご祝儀まで抱えて、来てく
ださいます。そんな方々に「来てよかった！」と心から思っていた
だきたいものです。

美味しい食事や、心を込めて丁寧に選んだ引出物や引菓子などハ
ードな部分も、新郎新婦の幸せそうな笑顔やその二人を見守る親御
様の感慨深い表情、みんなで楽しく過ごせる快適な空間などソフト
な部分も、共にゲストの方々への大切な返礼です。

異文化の尊重（Local customs respected）

　国民性、民族性、文化、宗教が違えば、価値観や行動様式も違ってきます。しかし、お互いにそれを理解し尊重しようと心がければ、主義主張のぶつかり合いは避けられます。

　新郎と新婦は、異文化です。育った環境が違うのですから、価値観が違って、当たり前です。同じ家庭で育った兄弟であっても性格や感覚が違うことを考えれば、その差は歴然です。

　恋愛中はそれが気にならなくても、結婚式が近づくとその違いが表面化してきます。相手が自分とは違うことを認識し、互いに歩み寄ろうとする時間は、結婚生活のリハーサルのようなものであり、これからの生活の礎になります。

　プランナーは、お二人の間を上手に取り持ってあげてください。

　お互いにとって、相手のご家族は更に異文化かもしれません。新郎新婦よりも生きている年月が長いので、親御様の価値観や金銭感覚は、筋金入りです。

　ご両家が「姻戚」として末永くいいお付き合いをするためには、結婚式の準備段階で、お互いを理解し尊重しあうことが大切です。

　しかし、両家の板挟みにあって途方に暮れる新郎新婦もいるでしょう。親御様同士も、どう折り合いをつけたらいいのか、途方に暮れているかもしれません。

　以前は、仲人さんが絶妙のバランスを取りながら、両家を納得させていたものでした。そして今は、プランナーがご両家の間を取り持つ役割を担っています。

　ゲストはまさに、異文化のるつぼです。年齢、性別、立場、背景などにより、志向や価値観は十人十色です。

　それでも結婚式は、皆さんに喜んでいただけることを目指さなければなりません。

　プランナーとしては、知識と経験と、プロならではの提案力の見せどころです。

レディファースト（Lady first）

　この言葉に心地よさを感じる女性もいるでしょう。

　しかし、誤解しないでください。レディファーストは、女性上位や女性優先とは違います。

　中世ヨーロッパでは、女性は敵の襲撃から男性を守るために家から外に出たり、毒見のために先に食べたりするなど、盾のような役割をしていて、それがレディファーストの起源だと言われています。

　その後、そのように献身的な女性を敬愛し、感謝し、守ろうとする行為が、レディファーストと呼ばれるようになりました。

　ですので、レディとして接してほしいのであれば、まず自分がそれにふさわしい女性でなければなりません。

　大切なのは、常に相手を立てたり守ったりする心、美しい立ち居振る舞い、立場をわきまえた装い、丁寧に扱われることに対する感謝の気持ちなど、人としての品性です。

　こうした心構えは、男女問わず、あるべき姿です。

　まずはプランナーが、お手本になってほしいものです。

【メンタルヘルス】

　プランナーが深く認識しなければならないのは、「新郎も新婦も親御様も、結婚に関係するストレスを、数多く抱えている」という現実です。

　そしてこのストレスは、お客様の心を徐々にマイナス方向へと変化させてしまうことがあります。

　新規接客や打合せの場面で直面する状況になってしまうと、プランナーのストレスも、増すばかりです。

ストレス状態

ストレスとは

　ストレスには、3つの意味があります。

　ストレッサー：ストレスを感じる原因（要因）となる

　ストレス反応：ストレッサーに刺激を受けて、

　　　　　　　　　心（もしくは身体）が反応する

　ストレス状態：ストレッサーによりストレス反応が起こる状態

　人は、ストレスをパワーにすることができます。指で押されて凹まされたボールが元に戻ろうとする空気圧と同じです。

　そういう時、人は元気になり、仕事も精力的にこなします。慣れない状況のため何日間は疲れやすいかもしれませんが、いつの間にかストレッサーに対するストレス度合いが下がってきます。精神的な「抵抗力」がついた状態です。

　しかし、ストレッサーの圧力があまりに大きかったり、仕事やプライベートで他のストレッサーが重なったり、また小さなストレッサーでも数多く重なったり継続したりしていると、心に大きなダメージを与えます。ある朝突然、起きられなくなったり出かけられなくなったりして、初めて自分のストレス状態の深刻さに気づくことも、珍しくありません。

新郎新婦、親御様のストレス

　新しい出来事は、たとえ良いと思われる内容であっても、心に負荷を与えることがあります。

　「ホームズとレイの社会再適応尺度」によると、配偶者の死がもっともストレスが強く100点です。

　しかし慶事であるはずの「結婚」でさえ、ストレスの強さは上から7番目の50点です。

　結婚に伴う変化（ストレス要因）は、それだけではありません。結婚をするために仕事や勤務形態が変わったり、経済状況が変わったりなど、適合する項目はいくつもあるでしょう。

婚前同居や婚前妊娠が重なっている新郎新婦の場合は、衣食住や仕事などが既に大きく変化しているので、ストレスの要因となる項目が一層増えて、150点を超えやすくなります。300点という大変危険な数値に近づくことも、珍しくありません。

　150点は、「近い将来うつになる可能性50％」、300点は「近い将来うつになる可能性80％」です。

　そして、婚前同居や婚前妊娠のお客様は、珍しくありません。

　親御様の立場では、衣食住の変化に加えて、「子どもが家を去っていく」という項目もあり、新郎新婦に劣らずハイストレスの状態です。

　親御様のメンタルにも、丁寧に向き合いたいところです。

　お客様のプライベートにどこまで関わっていいのか悩むところですが、結婚式の準備に支障が出ている状況ならば、当然プランナーの対応の範疇です。

　とはいえ、お客様が自らマイナスなことを話してくださることは少ないので細やかな観察が求められます。

　次ページの表で、お客様の一年間に起こった（であろう）出来事を選び、合計してみてください。

　かなりの数値になるはずです。

　ストレスの高さを知れば、お客様の言動に対する理解度が、一層深まってきます。

メンタル度合い

ホームズとレイの社会再適応尺度

	生活上の出来事	ストレスの強さ	
1	配偶者の死	100	
2	離婚	73	
3	夫婦の別居	65	
4	刑務所などへの拘留	63	
5	近親者の死	63	
6	自分の怪我や病気	63	
7	結婚	50	
8	解雇	47	
9	夫婦の不和	45	
10	退職や引退	45	
11	家族が健康を害する	44	
12	妊娠	40	
13	性生活が上手くいかない	39	
14	新しく家族のメンバーが増える	39	
15	仕事面の再調整	39	
16	経済状況の変化	38	
17	親友の死	37	
18	職種換えもしくは転職	36	
19	夫婦の口論の回数が変わる	35	
20	1万ドル以下の抵当（借金）	31	
21	抵当流れもしくは借金	30	
22	仕事上の責任の変化	29	
23	子供が家を去っていく	29	
24	身内間のトラブル	29	
25	優れた業績をあげる	28	
26	妻の就職、復職、退職	26	
27	復学又は卒業	26	
28	生活状況の変化	25	
29	生活習慣を変える（禁煙など）	24	
30	上司をのトラブル	23	
31	勤務時間や勤務条件の変化	20	
32	転居	20	
33	学校生活の変化	20	
34	レクリエーションの変化	19	
35	教会（宗教）活動の変化	19	
36	社会活動の変化	18	
37	一万ドル以下の抵当（借金）	17	
38	睡眠習慣の変化	16	
39	家族団らんの回数の変化	15	
40	食習慣の変化	15	
41	休暇（仕事を休みたくないなど）	13	
42	クリスマス	12	
43	ちょっとした法律違反	11	
	合計		

＊本尺度邦訳　杉田峰康教授（福岡県立大学名誉教授／日本交流分析学会理事長）

傾向の概要
一年間に起こった出来事の合計として

300点以上	近い将来うつになる可能性80%
150点以上300点未満	可能性50%
150点以下	ほとんど健康

ストレスのサイン

　ストレス状態が継続すると、精神的にも身体的にも芳しくない変化が現れます。新郎新婦や親御様にも、こうしたサインを見かけることがあります。

　まずは「お客様のストレスに配慮して、心のケアをしながら接客する必要性」を認識することが、大切です。

　着目すべきは、「いつもと違う変化」です。

　新規接客のお客様の「いつも」をプランナーが把握することは不可能ですが、打合せが進むうちにお客様の変化を感じ取り、ハイストレスの状況を推察することは可能となります。

【精神的変化】

　攻撃的

　　モンスターカスタマーと呼ばれる、常識的には考えられないほど攻撃的なお客様も、ハイストレスが潜在していると考えられます。

　消極的

　　優柔不断でなかなか決められないお客様は、消極的な変化の現れかもしれません。マリッジブルーも、この影響が考えられます。

　マイナス思考

　　大げさに、否定的に、感情的に考えます。

【身体的変化】

　自律神経

　　自分で意識しても自由に調節できないのが、自律神経です。

　　胃腸不調や異常発汗、動悸などが見受けられたら、黄色信号。

ホルモン

バランスが崩れると髪の毛が薄くなったり円形脱毛になったりします。女性は生理が不順になったり止まったりもします。

免疫

ストレスで免疫力が低下すると、風邪をひきやすくなります。風邪は、自律神経やホルモンに比べて、主観的にも客観的にも分かりやすいサインです。

【様子】

・服装や身だしなみに無頓着

・体重の急激な増減

・体調の悪化

・感情の起伏が激しくなる

・自分や人に対して攻撃的になる

・大声で話す

・急に人を避けるようになる

・消極的になる

・無口になる

・声が出なくなる　　など

【仕事関係】

・無断キャンセルや遅刻の増加やくり返し

・単純なミスやトラブルの増加

・締め切りが守れない

・整理整頓ができない

・メールの異常（頻度・長さなど）

・話や文章に一貫性がない　　など

ネガティブな言動の背景

　もともと私達の中には、様々な性格が混在しています。

　普段は自分の理性が自分自身をコントロールし、好ましい部分を表に出そうと心がけます。しかしハイストレスになると、理性によるコントロール機能が減少し、ネガティブな変化が生じます。

　そこで相手に対して「今は、ハイストレスのために自分をコントロールできていない状況だ」という認識を持つことができれば、相手を俯瞰してみることができるようになります。

　これをブライダルの現場に落とし込めば、「プランナーのストレス軽減」のスキルにもなります。

　新規接客の時にはとても感じ良かったのに、打合せが進んでくるうちに豹変してくるお客様が、少なからずいらっしゃいます。

　攻撃的になったり、消極的になったりと、一言で言えばとても非常識なお客様です。

　しかしいつもそういう状態であれば、一般社会の中で生活するのは困難なはずです。「今は、ハイストレスのせいでお客様のネガティブな部分が表に出てきているだけ」なのです。

　お客様は「結婚前後の出来事や変化に心がついていけず、そういう状態になっているのだ」と考えれば、プランナーは心にゆとりを持つことができるようになります。

　お客様の言動の背景にあるストレスを理解し、受けとめようと努めれば、難しい関係も「信頼関係」へと発展できます。

　こうした認識はお客様の心を守るだけでなく、「自分の心を守り、人間性を成長させる」ことに繋がります。

　是非、取り入れてみてください。

激昂した父親

担当した結婚式のお開きの時、プランナーがご挨拶に伺いました。しかしその場で、新郎のお父様から罵倒されたそうです。

そのプランナーは、大勢の人の前で突然責められたことがとてもショックで、それから新規接客も打合せも怖くてできなくなりました。プランナーを辞めようとさえ思ったのです。

お怒りになった理由は、「ゲストの皆さまへのドリンクの提供がスムーズではなかったこと」だったようです。結婚式は、不思議な場所です。多くの参列者が、自分にとって大切な新郎新婦の結婚を祝ってほしいと思うあまり、自分のことよりも他の人に心を配ります。お父様も、同じだったに違いありません。

お父様は、当日まで、結婚式が無事に終わるように願い、心配もされていたに違いありません。そして当日は、ゲストの方に失礼がないよう、神経質なほどに心を砕いていたでしょう。

これまで温厚だったお父様がいつもと違う理不尽な攻撃性を持ってしまったのは、ストレスのせいだったのです。

そして、打合せで親交を深めていたプランナーに、つい八つ当たりしてしまったのです。プランナーを信頼していただけに、矛先が向かってしまったのでしょう。

私がお父様の背景を話すと、プランナーは、納得してくれたように思います。

その後、そのプランナーは、更に心細やかで優しい接客を身に付けるようになり、多くの新郎新婦や親御様だけでなく、他のスタッフからも、より一層頼りにされるようになりました。ストレスに対する理解が、彼女を守り成長させたのだと思います。

【コーチング】

　新郎新婦の「目標」の設定や再認識、「問題」の発見や解決の一助として、コーチングのスキルは有効です。

　コーチングの役割は、クライアントがいつの間にか忘れていた「宝物」を再発見したり、いつの間にか自分で自分を縛りつけていた「ロープ」をほどいたりする機会を作ってあげることです。クライアントのメンタルの成長を助ける、という一面もあります。

　コーチングの全てのスキルを接客の場面で活用することは、難しいと思います。しかし、お客様の意識の変化を俯瞰的に捉えることで、お客様の選択や判断を注意深く見守ることができるようにもなるので、状況に応じて、適宜活用してください。

　コーチングは、「質問」をシステマチックに重ねることで、お客様が「答」を引き出すお手伝いをします。

　ただし、ヒアリング同様、「ラポール」が大前提です。

　自分で「答」を見つけていただくので、「答」の責任はお客様自身にあります。責任の所在がはっきりしているので、接客後のトラブルを回避することにも繋がります。

　コーチングにとって、大切な仕事は「きく」ことです。

　まずは、「聴く」です。「観察レベル2・4」を参考に、丁寧にお客様の話を聴きます。

　次に、「訊く」です。「観察レベル3」を参考に、お客様の思考を深めるフォローをします。

［観察：p147参照］

目標設定

　新郎新婦には、結婚式で達成したい目標があります。

　しかし、それをきちんと意識付けできていないことが、珍しくありません。結婚式までの間に目標を失念してしまうことも、珍しくありません。

　目標達成というゴールがあれば、結婚式のモチベーションが保ち続けられるので、結婚式の目標を明確にすることはとても大切です。

　そしてプランナーは、お客様が目指す目標を明確にし、それを達成するまでの道のりの伴走者です。

　　目標設定７つのルール

　目標は、時として、とても不明確です。

　何を達成したいのか、誰と達成したいのか、いつまでに達成したいのか、目標を達成した時に達成したことをどうやって確認するのか等々、意外と具体的には決めていないものです。

　目標を設定する時は、７つのルールを抑えておきます。

　そうすれば、目標までのプロセスもクリアになります。

　イメージしやすいように、まずは自分自身が、ルールに当てはめながら、目標を設定してみましょう。

　結婚式の目標設定も、これらを参考にしてください。

１．避けたいことではなくて、望んでいること

　　人は、幸せに向かって歩くべきです。

　　幸せに向かう道のりなら、プロセスも楽しめます。

　　嫌なことから逃げるだけなら、プロセスを楽しめないし、結果

として幸せになれるとは限りません。

「お客様に失望されない自分になりたい」は、NG

「お客様に信頼される自分になりたい」は、OK

２．自分でコントロールできること

「お客様に信頼して欲しい」は、お客様の変化で、あなたが変化するわけではありません。お客様の変化はあなたがコントロールできないので、ただの願望です。

「お客様に信頼してもらえるプランナーになりたい」ならば、あなたが考えて、行動を起こして、あなた自身が変化するので、自分でコントロールできる目標です。

目標を説明する時に、「私は、〜できるようになりたい」と、言い換えられるかどうかが、ポイントです。

３．気持ちの変化ではなくて、行動の変化

目標が達成された時や目標に向かって進歩している時に、そのことがはっきりと分かることが大切です。

しかし、気持ちの変化では、よく分かりません。

行動ならば、変化が明確化されるので、目標が達成されたことが分かるポイントを決めることができます。

例えば「信頼されたい」と願うならば、「初めての人と会う時、笑顔で挨拶できた」「説明や提案をする時、ドキドキしなかった」など、行動に落とし込んだ目標にすることが、達成確認のポイントです。

4．進歩を測れるもの

進捗状況や、達成した時の進歩が分かることが大切です。

進歩を測定するためには、まず目標達成までのデッドラインを決めて、「目標を達成するまでに、どのくらいの期間がかかるのか」「いつ、この目標を達成したいのか」を明確にします。

どれくらいの頻度で進行状況を確認するのかも、決めておきましょう。

比較する対象を決めることも、大切です。

一つは、自分自身と比較です。今の自分の能力を測って「いつまでに、どこまで成約率（売上げ）を伸ばしたいのか」の数値を設定すれば、目標達成できたかどうか分かります。

もう一つは、他人と比較です。「チームで成約率（売上げ）No.1になりたい」など、誰かと競うことも、進歩が分かる物差しになります。

5．やりがいがあって、現実的なもの

目標は、達成するために立てるものです。

達成可能であっても、簡単すぎてはやる気がでないし、難しすぎてもやる気がでません。

今の自分を考えて、本当にそれが可能なのかどうかを検証します。そうでなければ、ただの夢物語です。

6．ライフバランスを考える

全ての利益は、必ず何らかの損失がセットです。

この目標を達成するために犠牲にしなければならないもの（時間、お金、趣味、ライフスタイルなど）を考えてみます。

自分の人生で大切にしている家族や友人達を頭に描いて、この目標がその人達にどんな影響を及ぼすのかを考えることも、とても大切です。

7．すぐに行動できること

遠くに見える「ゴール」という未来に向かって進んでいくために必要なのは、「最初の一歩」です。

もし、その一歩を踏み出せないようならば、自問してみてください。

「私は本当に、その目標を達成したいのか？」

「この一歩を止めているものは、何なのか？」

もし妨げになるものが分かったら、それを克服することを、最初の小さなステップにします。

どんなに小さなアクションでもいいので、ゴールに向かってすぐに行動開始することが、大切なのです。

目標達成までの流れ

　目標設定のルールが分かったら、お客様の目標を明確にする手伝いをします。

　以下の質問の中から、必要と思われるものを使ってみてください。目標を明確にするための質問の流れは、結構システマチックです。しかしシステマチックだからこそ、思考が進みます。

「○○さんは何を望んでいますか？」

「目標を教えてください」

　一番大切なのは、お客様が本当に望んでいるのかどうか、ポジティブかどうかです。

「それが得られると、○○さんにはどのように分かりますか？」

「どのように、確認できますか？」

　例えば、目標が「おもてなしの時間」の場合

　何か映像が浮かんできますか？（視覚）➡みんなの笑顔

　何か音や声が聞こえてきますか？（聴覚）➡みんなの歓声

　何か感覚を感じますか？（触運動覚）➡あったかい気持ち

「いつ、どこで、誰と、それを実現したいですか？」

　この目標が実行可能かどうかを、チェックします。

「望んでいる目標を得ることは、あなたの人生の他の側面に、どのように影響しますか？」

　あらゆることを犠牲にしても目標を達成したいと思うお客様もいるかもしれないので、要チェックです。

「今、○○さんの目標達成を妨げているものは、何ですか？」
　可能であれば、3つくらい聞き出します。最後にポイントにな
　る妨げ要因が出てくることが、珍しくありません。

「○○さんがすでに持っているもの（強み）で、この目標を達成
　するのに役立つものは、何ですか？」
　"強み"は、知識、経験、スキル、資格、性格、時間、人脈など、
　お客様がこれまでの人生で手にしてきたもので、何でもかまい
　ません。すぐには出てこないかもしれませんが、「他には？」「あ
　ともう1つくらいありませんか？」と問い続けて、せめて3つ
　は見つけてもらいます。

「目標を達成するために、これから手に入れたいもの（強み）は
　ありますか？」
　あくまでも希望なので、多少トリッキーでも大げさなものでも
　OKです。目標に向かうエンジンにもなります。

「目標を達成するために、必要な最初の行動は何ですか？」
「その行動は、いつ始めますか？」
　今日明日にでも、すぐできることが大切です。
　最初の一歩がなければ、目標にはいつまで経っても近づけませ
　ん。まずは、一歩踏み出すアクションを決めます。

「この目標は、達成する価値がありますか？」
　価値を再確認させると、「やっぱり達成したい！」という思い
　が強くなるので、この最後の質問は、本当に大切です。

【SPトランプ】

　新規接客や打合せの担当をアサインする時や、接客する場面では、お客様の人格（パーソナリティ）を知ることが、とても重要になります。

　しかし人格は多くのパーツから成り立っています。ここではそれらのパーツをSP（サブ・パーソナリティ：準人格）と呼びます。

　人格は、このSPの集合体なのです。

　SPは今まで生きてきた間に作り上げられたもので、遺伝（親・祖父母など）、成育歴（親のしつけ・兄弟姉妹との関係・部活など）、環境（学校・職場など）等が、考えられます。

　ここでは、SPトランプを使って、自分自身とお客様のパーソナリティを探索したいと思います。ゲーム感覚で、楽しく取り組んでみてください。楽しむことは、とても大切です。気楽な雰囲気だと、本音が自然と表出してくるからです。

　SPトランプは、20年以上前に開発され、イタリアの心理学者ロベルト・アサジオリ博士のサイコシンセシスを基に、人間の持つSPをキャラクター化し、52枚のトランプに描いてあります。

　日本の上場企業や自治体の研修などで、広く活用されています。海外支社の研修では、外国人スタッフも一緒に活用しています。

　自分や他者の人格を形成しているSPを選び出すことにより、性格や強み、弱みなどを可視化できるようになります。

　また、自分やお客様の特徴、お客様との関係性や効果的な対応方法などを知ることもできます。

SPトランプのカード

サブパーソナリティをさがそう！

セレクト数　本人10　他の人4～6（2～3人での合計数）

		♡		◇		♣		♠	
A		気分屋		いじけ屋さん		内気さん		責めたがり	
2		飽き性さん		迷子さん		小心者		冷やや家	
3		面倒くさがり屋		のぼせ屋さん		ナーバスさん		切れ屋さん	
4		わがままさん		恥ずかしがり屋		言い訳さん		損得家	
5		アバウトさん		キョロキョロさん		心配屋さん		白黒さん	
6		お調子もの		さみしがり屋		プライドさん		自信家	
7		しきりたがり屋		同調さん		がまんさん		だんどり屋	
8		おおらかさん		のんびりさん		努力家		堂々さん	
9		ほがらかさん		お人好し		慎重さん		勝気さん	
10		ハッピーさん		思いやりさん		冷静さん		ガンバリ屋	
J		チャレンジャー		人情家		几帳面さん		信念さん	
Q		情熱家		誠実さん		まじめさん		一徹さん	
K		社交家		友好家		理論家		実践家	
計									

自分を知ろう

　まずは、表の中の52枚のカードから「これは、自分だな！」と思えるカードを10枚選んで、○をつけます。

　次に、他の人に、残ったカードの中から2〜3枚選んでもらい、○をつけます。あくまでもゲーム感覚ですが、真剣に、忖度なしに選んでもらいましょう。

自分を受けとめる

　あなたが選んだカード「あなたが知っている自分」も他の人が選んだカード「相手が知っている自分」も、どちらもあなた自身です。

　その中に自分としてはあまり嬉しくないSP（準人格）がありませんでしたか。しかしそのSPとの出会いはとても貴重です。

　そんなSP達にも、自分の身や心を守るための「存在意義」があります。「観察：レベル4」で記した「もっともな動機」です。そう考えると、自己嫌悪に陥ることも少なくなります。

例）

小心者や慎重さん

　　→失敗をしないように気をつける

　　　→危険や失敗から自分を守ってあげられる

恥ずかしがり屋や内気さん

　　→人との付き合いに慎重になる

　　　→知らない人から傷つけられないよう守ってあげられる

気分屋や飽き性さん、アバウトさんなど

　　→過度なプレッシャーから逃れられる

　　　→ストレスから自分の心を守ってあげられる

「I am ＊＊.」と、決めつけない

　ここで、とても大切な話です。私達は一つのSPを取り上げて、「私は、＊＊です」と、決めつけてしまいがちです。

　「私は、努力家です」「私は、誠実です」など肯定的な内容ならいいけれど、「私は、面倒くさがり屋です」「私は、小心者です」など否定的な内容で自分を決めつけてしまっては、成長の機会を失ってしまいます。

「I have ＊＊.」です

　私達にはそれぞれたくさんのSPがありますが、それは自分の分身に過ぎません。それなのに、その一つの分身で自分の全てを説明するのは、おかしな話です。

　正確には「私は、＊＊の部分を持っています」です。

　例えば「私って、小心者です」ではなく、「私って、小心者の部分を持っています」なのです。

　いかがでしょうか。決めつけない言い方に変えただけで、気持ちに余裕がうまれませんか。変化の兆しです。

セルフコントロールする

　あなたは、SP（準人格）を統括するリーダーです。

　自分にはどんなSPがあるのかを知り、

　今どのSPを選択しているのかを自覚し、

　選択したこととその結果に対して責任を引き受け、

　行動することが、セルフコントロールです。

　そして「新たにどんなSPを足せばいいのか」「どんなSPを育てたいのか」を考えることが、次の成長の第一歩です。

内面を探ろう

　○のついたカードを、♡・◇・♣・♠のカテゴリーに分けて、集めたカードの数を数えてみましょう。

```
                    感覚的
        ◇ダイヤタイプ          ♡ハートタイプ
        友好家／イエスマン      社交家／目立ちたがり屋
        （受容・所属）          （称賛・承認）
受動的 ─────────────────────────────── 能動的
        ♣クラブタイプ          ♠スペードタイプ
        理論家／理屈屋          実践家／独裁者
        （安全・正確）          （達成・決断）
                    論理的
```

◆上vs下

上：赤系（◇＋♡）が多い人

感覚的・友好的・感情を表出させる

人間思考なので、仕事は人で選ぶ（この人とやりたい）

下：黒系（♣＋♠）が多い人

論理的・ビジネスライク・感情を抑制する

課題思考なので、仕事は内容で選ぶ（この仕事がやりたい）

物事を判断する時

赤系（◇＋♡）

　感覚的・直感的・自分の直感や感覚を大切にする

　明日の天気を尋ねられたら「明日は晴れるよ、きっと」「私の勘に間違いない！」など、空を見ながら閃きで答える

黒系（♣＋♠）

論理的・事実やデータを大切にする

「天気予報見てないからわからない」「今朝の予報では降水確率
午前30％、午後50％らしい」などと答える

指向性

赤系（◇＋♡）

人間思考・課題の内容や仕事の遂行よりも、人に関心あり

「遊びに行かない？」と誘われると、「誰が行くの？」と聞いて、
親しい人が行けば参加するし、そうでなければやんわりと断っ
たり誰かと相談して決めたりする

黒系（♣＋♠）

課題思考・遊びに誘うと、目的や内容をきいてくる

♠系は、ねらいを聞きたがる

♣系は、いつ？どこへ？参加対象は？会費は？など詳細を聞き
たがるし、情報を集めて確認したがる

仕事の学び方

赤系（◇＋♡）

経験重視

仕事をイメージや感覚で捉え、まずは行動してみる

本や専門書より、人からの話や自分の経験を重視する

黒系（♣＋♠）

論理重視

仕事を知識や論理で体系立てて、理解したがる

原則やルールを覚え、計画を立ててから仕事をする

◆左vs右

左：（◇＋♣）が多い人

受動的・消極的・あまり自分の意見を言わない

リーダシップをとりたがらない

右：（♡＋♠）が多い人

能動的・積極的・自分の意見を主張する

リーダーシップをとりたがる

行動パターン

左側（◇＋♣）

消極的で、リーダーシップを取りたがらない

リスク（危険・失敗）を避けたい

行動は、ゆっくり

右側（♡＋♠）

積極的で、リーダーシップを取りたがる

自分で決定することを好む

リスクがあることにもチャレンジ

♠系は特に、行動がスピーディ

意思決定

左側（◇＋♣）

遅い

◇系は、みんなと仲良くしたいから周りに配慮する

♣系は、安全を確認したいから慎重になる

右側（♡＋♠）

早い

♡系は、直感で決める傾向

♠系は、二者択一的に即決する傾向

コミュニケーション

左側（◇＋♣）

自己主張しない・相手の話を聴く側

話し方は、ゆっくり

右側（♡＋♠）

自己主張する・相手の話を聴くのが苦手

話し方は、早い

適性

左側（◇＋♣）

人との繋がりを大事にしながら（◇）、

計画的に物事を進めていく（♣）ので、マネージャータイプ

右側（♡＋♠）

大きなビジョンを掲げ（♡）、

ぐんぐん引っ張っていく（♠）ので、リーダータイプ

◆クロス

◇と♠が多くて、各カードの点数が高い人は、人の輪を大事にしながら組織をまとめていくゼネラリストタイプ

♡と♣が多くて、各カードの点数が高い人は、マイワールドで仕事を極める、スペシャリストタイプ

各タイプ（♡・◇・♣・♠）の特性

自分のカード、一番枚数が多かったタイプを参考にします。

小さい数字（6以下）は短所、大きい数字（8以上）は長所と、捉えられる傾向があります。

♡（感情的・能動的）

社交的で閃きがある・いいかげんで自己中心的のところも

人から称賛して欲しい・夢を実現したい

◇（感情的・受動的）

協調的で思いやりがある・人見知り

人に合わせ過ぎる・全ての人からよく思われたい

♣（論理的・受動的）

几帳面で真面目・神経質で保守的なところもある

目標は、確実に達成できることに設定したい

決めたら計画通りに、コツコツと進めたい

疑問や問題にぶつかると、解決するまで気持ちも行動も固まる

仕事は量より質

♠（論理的・能動的）

信念があるけど、強引で独裁的なところもある

一人でやりたいし、結果を重視する

大きな目的を設定し、達成するためにはとことん頑張る

スピードが大事

4タイプの特性

	♡	◇	♣	♠
長所	社交的でほがらか 積極的で前向き チャレンジ精神に富む	温和で友好的 相手に対する配慮 優しい平和主義	慎重で計画的 几帳面で正確 忍耐強い努力家	積極的 計画的 リーダーシップ
短所	いいかげん 時間にルーズ 計画性がない ムードに弱い	人に合わせ過ぎる 意見を言わない 自分で物事を決めない	神経質 細かい 小心 非社交的	温かみに欠ける 仕事にのめり込む 独断的 好戦的
好きな言葉	夢・希望・可能性	優しさ・和・誠実	安全・正確・完璧	確実・信念・決断
秘めた欲望	称賛が欲しい 夢を実現したい	全ての人から 愛されたい 良く見られたい	誰にも 邪魔されたくない 間違いや失敗を したくない	あらゆることを 犠牲にしても 目標達成したい
コミュニケーション	多くの友人 話の中心になる 楽しい仲間作り 浅く広くなりがち	聞き役 プライベートな話好き 好かれたいと思う気 持ちが強いので、「す みません」「ごめん なさい」を連発する	興味・関心が似ている 人と丁寧に付き合う 数少ないが無二の親 友をつくる 受け身・口数少ない 興味ある事には多弁	無駄なおしゃべりが苦手 聞くのも苦手 目的があれば多弁
ビジネススタイル	豊富なアイデア 思い込み強い 熟慮苦手 直感的判断・即実行 反省より次の企画	依頼されてから仕事 をする 人に左右されやすい 協働を好む	熟慮・慎重 計画的に実行 予期せぬことが起こ ると不安	不言実行 チャレンジ 一人での実行力あり 目的・目標が明確でな いと動機づけできない
学習	体験優先 感覚的に学ぶ 少しの経験で分かっ たつもりになる	勉強より体験 誰かと一緒を好む 懇切丁寧に指導され ることを好む	論理的・体系的に学ぶ リスクの少ない目標 を好む 習得に時間をかける	理論的・体系的・自発 的に学ぶ 細かい指導を望まない
不安や怖れを感じること	刺激や変化が少ない 自由裁量が少ない 他の人が注目されて いる	対人関係の葛藤 意見の食い違い プレッシャー 仲間はずれ 人の不誠実	リスクがある プライドが傷つく 計画通り進まない 非合理を要求される 変化を要求される	負ける 結論が出ない 目標が見出せない 他者と深入りする 自信がぐらつく 信念が脅かされる
不安時の反応	感情的 ムキになる	逃げる	理由を探して 言い訳をする	論理で攻める

相手を知ろう

　自分を知ったら、次は相手を知りましょう。

　とはいえ、お客様に選んでもらうわけにはいかないので、自分で選んでみます。主観的な結果になりますが、大まかな傾向が見えてくると思います。

相手への対応

　どんな相手に対しても、変わらずしなければならないことがあります。それは、誰に対しても「誠実に、公平に」です。

タイプ別対応

　何も考えずに対応したり、自分のペースで対応したりしないで、相手に合わせた対応を心がけることが、大切です。

　まだ相手のことがよく分からない場合は、どんなタイプなのか仮説を立ててアプローチを考えることが、対応の第一歩です。

　もしかしたら仮説と違うタイプかもしれませんが、その場合は相手の表情が曇るので、分かるはずです。

　仮説を修正して、また違った対応をしてみます。

　また、どのSPが表出するかは、時と場合によります。

　例えば、「いつもは同調さんなのに、ある人に対しては切れ屋さんになる」「家では面倒くさがり屋さんなのに、会社ではナーバスさんになる」などです。その時々の相手のSPに合わせて「一人十色」の対応をすることが、大切です。

2 タイプ別対応

　第2章「接客の流れとお客様の心理」、「打合せ」の項を再読して
みてください。前よりも理解しやすいと思います。

　　　　　　　　　　　　　　［アサイン：p97参照］

4 タイプ別対応

◇タイプのお客様

　人との和を大事にしたいタイプなので、一人では心配性ですが、
プランナーや他の人との共同作業では生き生きします。

　ゲストの名簿作りや席次表など事務作業に関する指示は、理屈っ
ぽくしないで、イメージがつかめる説明を心がけます。

　人に喜んでもらえることが自分の喜びなので、目標も、親御様や
ゲストのためなどが心に響きます。

　あなたからの「ありがとう」が、エネルギー源です。

♡タイプのお客様

　自分を褒めてもらいたいタイプなので、自分が目立つことができ
て、評価してもらえるなら張り切りことができます。

　自由にやらせて欲しいタイプなので、ある程度任せた方が生き生
きします。ただし、納期や細かい指示を事前にきちんと伝えておく
ことが、必要です。

　とはいえ、理屈っぽい指示が苦手なのは◇と同じです。

　目標は大きく、自分自身の夢の実現などを目指したがります。

　あなたからの「すごいですね！」が、エネルギー源です。

♣タイプのお客様

コツコツと仕事を進めたいタイプなので、事務作業の指示は、相手が納得するまで丁寧に論理的に説明をします。

書面やメールでの伝達は、確実で正確なので、安心します。

リスクを怖れるので、新しいことを任せる時は、いつでもフォローすることを伝えます。

仕事は正確にこなし、質も高めてくれるタイプです。

目標は達成可能な範囲にしたがりますが、途中で疑問や分からないことが出てくると、それが解決されるまで先に進めません。

自分が関心のあるテーマだと多弁になるので、話のきっかけにします。

♠タイプのお客様

スピーディに仕事をこなしたいタイプなので、事務作業のやり方や決定は任せた方がいいでしょう。

目的や狙いがはっきりしなければやりたがらないので、丁寧に説明します。

しかし早く結論を知りたいタイプなので、指示は端的にします。

仕事を任せれば、必要な時のみ相談に来るタイプです。

ただ独断専行になりやすいので、要所毎に確認することを事前に取り決めておきます。

信念を持っているので、それを脅かされそうになると、真剣に反論してきます。

自己成長への道

　相手を理解して、相手のタイプや個性に合わせた対応を理解して
も、それでも対応しきれない時があると思います。

　それは、あなたのSPが相手のSPに対して、「マイナスの反応」を
しているからです。

　例えば、自分の中の「プライド」を否定的に捉えていると、相手
の中の「プライド」を疎ましく思ってしまいます。

　しかし自分の中の「プライド」を肯定的に認めていれば、相手の
中の「プライド」も好ましく捉えることができます。

　まずは、自分の中のSPをプラスに捉えてあげることが肝要です。
そうすれば、相手の中の同じSPも好意的に受けとめられるように
なれます。

　自分とはまったく違うSPを相手に見出した時に、苦手意識を感
じて、拒否したくなることもあるでしょう。

　しかし、違う＝間違っているわけではありません。

　また、自分の中にはきっとそのSPに対応できるSPがあるはずで
す。万が一ないとしても、そういうSPを自分の中に作ればいいの
です。

　人は進化していくものだから、大丈夫です。

　相手とのかかわりの中で、どんどん成長していきます。

【ファシリテーション】

　新郎新婦や親御様が話し合いをする時、そのサポートをすることが、プランナーの役割となります。

　そこで活用できるのが、ミーティングをマネジメントする「ファシリテーション」のスキルです。

　「メンバーの思考にスイッチを入れて」「メンバー同士のコミュニケーションを支援する」進行役を、ファシリテーターと言います。

　メンバーがお客様の場合、ファシリテーションを全て駆使することは簡単ではないかもしれません。しかしみんなが納得する結論に導くためのスキルであり、ブライダル課内や他のセクションとの会議でも活用できるので、参考にしてください。

　議論が前向きに進むのは、「みんなが、言いたいことを言える」時です。しかし、誰も意見を言わなかったり少しもいいアイデアが出てこなかったりすることも、珍しくありません。

　まだ姻戚関係になっていない、もしくはなって間もない新郎新婦や親御様の間では、遠慮もあると思います。

　プランナーも、途中で「これからどうやって進めよう？」と途方に暮れることもあるでしょう。それは、あたり前のことです。

　大切なのは、そのことを自分で認めて、正直に伝えることです。「これからどう進めていけばいいでしょうか？」と問いかければ、きっと誰かが救いの手を差し延べてくれます。そうやって謙虚に訊けるあなたは、もう立派なファシリテーターです。

トラブルメーカー対策

　時に、議論に水を差すトラブルメーカーがいます。しかし本人に悪気はありません。そのタイプと、対応策を紹介します。

暴君タイプ

　自分の考えだけが絶対だと信じ、演説が大好きで、人の話を聞かないタイプです。金銭的援助をしてくれる親御様など力関係が上の人がこのタイプだと、結局他の人達は従わざるを得ないのでお気の毒です。力関係が下であっても、見当違いの正義感などで熱くなりすぎて、始末におえない場合もあります。

　事前の根回しが、ポイントです。目標や目的を明確に理解して、それに賛同してくれたら、押しが強いタイプだけにあなたを助けてくれる心強い存在になります。

　ミーティング中に暴君が登場しそうなら、ミーティングの約束事に「話は短く」「説教厳禁」を加えて、予防線を張ります。

哲学家タイプ

　ちょっとでも疑問が生じると、すぐに解決しないと気が済まないタイプです。そうなるとミーティングの流れが止まるので、時間が長引いてしまいます。

　哲学家が登場したら、「今は皆さんの意見を伺うブレストの最中なので、質問は後でまとめてお願いします」と、一旦お引き取り願います。

　ミーティングの方向性が逸れたり、安易な方に行きそうだったりする時に「どう思われますか？」と質問すると、「そもそも…」という感じで、クールなご意見番に変身してくれます。

評論家タイプ

自分は頭がいいと思っていて（おそらく、そうなのでしょう）、それをひけらかしたいので、とにかく否定から入るタイプです。

人の意見に細かくダメ出しする割には、自分からアイデアは出さない傾向があります。

約束事に「他人の批判をしない」を入れておくといいでしょう。

それでも評論家が登場したら、「ご意見ありがとうございます。それでは良い点も指摘してみてください」と、ポジティブ思考に変える声かけをします。

議論を整理したり絞り込んだりする時に意見を求めると、鋭くていいアイデアを出してくれます。

不思議ちゃんタイプ

「今、思いついたんだけど〜」と、突然関係のないことを話し出すタイプです。

悪気はないのですが、深く考えてないので、突飛な意見を言ったり論点を勝手に変えたりして、ミーティングを混乱させます。

「面白いアイデアをありがとうございます。しかし論点から外れているような気がしませんか？」と、ミーティングの流れに引き戻してあげてください。

斬新なアイデアがたくさん欲しいブレストでは、このタイプにまず意見を求めると、自由な発想で話してくれます。

他のメンバーもそれに触発されて発言しやすくなるので、アイスブレーカーとして、最適任者です。

ミーティングの流れ

　話し合いは、時間制限があるので、丁寧にマネジメントします。

　一応全てのスキルを紹介しますが、接客時は活用できるところだけでかまいません。

ブレスト

　みんなで自由に意見を出し合うことを、ブレーンストーミング（ブレスト）と言います。メンバーの言葉を引き出します。

リスクを減らす

「赤信号、みんなで渡れば怖くない」の心理です。

　自分ひとりだけの意見だと、不安です。しかし何人かで相談した後の意見ならば、連帯責任なので比較的気が楽になります。

　加えて、相談中に他の人の意見とか言葉に刺激を受けて、新しい意見やアイデアが出現する可能性もあります。

　話し合いはみんなが当事者になるので、「無関心という立場ではいられない」という付加価値も付いてきます。

約束事

　大人の対話のためには、約束事は大切です。

　ミーティングの場合は、それを列記して、「見える化」して、共有できるようにします。「見える化」は、後述します。

例）

1．批判厳禁

　　　ブレストは、評価や決定をする時間ではないと確認

2．自由奔放

　　ブレストの敵は、常識・慣例・遠慮

　　とにかく思いついたことは、ポンポン口に出す

3．質より量

　　ブレストで大切なのは、意見の質よりも量

　　たくさん意見が出れば、その中には光るものがあるはず

4．触発歓迎

　　他の意見を変形させたり、組み合わせたアイデアも大歓迎

　視点を変える

　当然のことながら私達はいつも、自分の立場で考えています。

　新しい発想やアイデアを出そうと思う時には、視点を変えてみることも大切です。披露宴の料理を例にしてみます。

立ち位置

「"親の立場"で考えたら、どこが問題ですか？」

「あなたが"ゲスト"だったら、どう考えますか？」

項目

「今度は、"コース料理の内容"に、着目してみませんか？」

「視点を変えて、"価格の違い"について、考えてみませんか？」

　切り口を分ける

　時には、切り口を提示してみてもいいかもしれません。

　分類すると、メンバーの思考が整理されて、今考えるべきことが明確になるからです。

「問題は、料理の内容、価格、ゲストの年齢層、どれでしょう？」

書かせる

　親しくない人や苦手な人がいたりすると、なんとなく発言しづらい雰囲気の時もあります。そういう時は、「〜についてのアイデア（もしくは意見）を書いてください」と言って、付箋紙を何枚か渡して、書いてもらうことも一案です。

　その場で書きづらい場合は、「ミーティングの目的」や「情報」を事前にお伝えして、書いてきてもらうこともいいでしょう。

　他の人のことを気にせずに書けるので、比較的率直な意見が集まりやすくなります。

　あなたがそれを読みあげて、ボードに貼ったりテーブルの上に並べたりして、「見える化」します。

まとめる

　意見がをたくさん出たら、今度は「まとめる」作業です。

　質問をすることで、意見をまとめて、成果を出します。

オープンクエスチョン（5W2H）

　「では、Aのコースでいかがでしょうか？」という言い方は、クローズドの誘導尋問です。気づかないうちに、あなたの望む方向へ議論を進めようとしているかもしれません。

　とはいえ「どうしますか？」的な丸投げ質問も、いただけません。

　そこで、議論を掘り下げるオープンクエスチョンを使います。

　コツは、5W2Hコツです。

例）What「具体的には、何がこのコースのポイントですか？」
　　When「いつ頃、決められますか？」

Where 「どこに重点をおいたらいいと思います？」

Who 「誰に確認すべきでしょうか？」

Why 「なぜ、このコースにしたいと思いますか？」

How 「その時、どんな雰囲気でしたか？」

How much 「どのくらいの価格が、可能ですか？」

「Why?」は、要注意

ただし、前述したように「なぜ？」はかなり危険な質問です。

確かに「なぜ？」を何回も続けると、問題点が見えてきます。

しかし「なぜ、そうなったの？」「なぜ、そうしたの？」「なぜ、そうしなかったの？」などと質問され続けたら、責められているように感じ、ネガティブ思考になるかもしれません。

どうしても「なぜ？」と訊きたい時は、質問を一人に集中させず、途中で質問する相手を変えるといった配慮が求められます。

「なぜ、そうなったの？」の代わりに、「どうすれば、そうならなかったと思う？」と訊けば、ポジティブ思考になれます。

整理する

たくさんの意見が出たら、整理整頓です。「どういう風に整理します？」と訊いてもいいですが、それでは整理の仕方を決める議論が始まってしまうので、論点がずれてくる怖れがあります。

「ブレスト」の項「切り口を分ける」のように、グループ分けをしてみるのも一案です。その場合は、ファシリテーターのあなたが切り口を提示してもOKです。ただし、あくまでも提示・提案です。あなたが誘導しているとメンバーに思われたら、営業と捉えられて、ミーティングの議論が一気にしぼんでしまいます。

絞り込む

整理整頓ができたら、「どの意見を取り上げて議論を続けるのか」取捨選択します。

「みなさんのご意見が多かったこの問題点に絞って、考えてみませんか？」のように、お客様の反応を観て聴いた上での提示だと説明して、みんなにも納得してもらえるようにします。

結論を出す

ミーティングの目標は、結論を出すことです。

しかし、議論をしていると、いつの間にか感情的になっていることもあります。

結論を出す時には、5つの確認事項を抑えておきます。

これは、コーチングの目標設定の時と似ています。

1．明確？

　　具体的に、何をやればいいのか

2．可能？

　　時間や人、予算などを考えて、実行可能かどうか

3．判定可能？

　　結論が実行されて、達成できた時、それが分かるかどうか

4．本当に目的に合ってる？

　　この結論が、本当に到達したい目標の役に立つかどうか

5．本当に、今？

　　確かに大切なことだけれど、最優先のものかどうか

見える化

複数のメンバーが集まる話し合いでは、みんなの理解や共感を得るために、「見える化」を心がけます。

みんなの意見を出しやすくする効果もあり、あなた自身の理解を深めることも助けてくれます。

進行表

会議のミーティングによく活用するのが、設計シートと呼ばれる進行表です。一見面倒くさそうですが、効果絶大です。

事前に打合せに関することを書き起こして、タイムスケジュールを組むことで、頭が整理されます。

メンバーと共有することで、流れが明確になり、だらだらとした話し合いを避けられます。

実際多くの会社で、これまで何回開催しても何時間かけても結論が出なかった会議が、毎回予定時間内で明確な結論が出るようになったという変化を得られています。

例）

開催日時

○月△日 □時～◇時

スタートと終了の時間を厳守したい場合、時間設定は必須

ミーティングの目的

料理とドリンクのコースの決定

論点が逸れないように明確にする

ミーティングの到達目標

新郎新婦と両家が納得する内容と金額をきめること

意見を聞く場ではなく結論を出す場であることを明確にする

参加メンバー

　新郎新婦のみ

　新郎新婦と両家（もしくは片方の）親御様

　　納得してもらう対象を明確にする

　　参加できない場合は事前に意見を聞いておく

事前情報

　料理のコースの内容と価格に関する資料

　　事前にメンバーに伝える情報を決める

　　話し合いまでに考えてきて欲しい内容を明記する

ミーティングの約束事

　全員発言すること

　　遠慮して発言しないことを、未然に防ぐ

　　発言は何回してもOK、一回の発言は短く、批判厳禁など、

　　トラブルメーカー対策を立てておく

タイムスケジュール

　　メンバー全員に時間制限を守ってもらうために、明記する

　　2分：目的・約束事・ミーティングの流れを説明

　　5分：各メンバーの意見発表

　　5分：発表意見を基に、意見交換

　　5分：出てきた意見の区分け

　　　　　（内容・値段）

　　　　　（実現性・重要性）

　　3分：ホストの視点から重視すべき意見を1点抽出

　　3分：ゲストの視点から重視すべき意見を1点抽出

　　5分：具体的な価格の決定

ミーティング進行表（例）

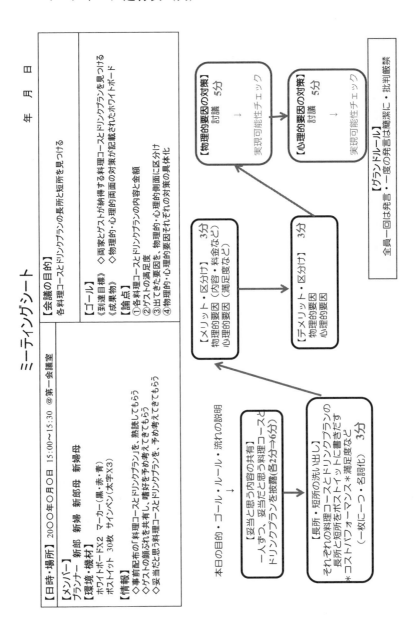

ミーティングシート   年　月　日

【日時・場所】 20○○年○月○日 15:00～15:30 @第一会議室

【メンバー】
プランナー　新郎　新婦　新郎父母　新婦父母

【環境・機材】
ホワイトボード×2　マーカー（黒・赤・青）
ポストイット 30枚　サインペン（太字×3）

【情報】
◇事前配布の「料理コースとドリンクプラン」を、熟読してもらう
◇ゲストの顔ぶれを共有し、嗜好を予め考えてきてもらう
◇妥当だと思う「料理コースとドリンクプラン」を、予め考えてきてもらう

【会議の目的】
各料理コースとドリンクプランの長所と短所を見つける

【ゴール】
《到達目標》◇両家とゲストが納得する料理コースとドリンクプランを見つける
《成果物》◇物理的・心理的両面の対策が記載されたホワイトボード

【論点】
①各料理コースとドリンクプランの内容と金額
②ゲストの満足度
③出てきた要因を、物理的・心理的側面に区分け
④物理的・心理的要因それぞれの対策の具体化

本日の目的・ゴール・ルール・流れの説明
↓
【妥当と思う内容の共有】
一人ずつ、妥当だと思う料理コースとドリンクプランを披露（各2分＝6分）
↓
【長所・短所の洗い出し】
それぞれの料理コースとドリンクプランの長所と短所をポストイットに書きだす
＊コストパフォーマンス＊満足度など（一枚に一つ・名詞化）　3分

【メリット・区分け】（内容・料金など）
物理的要因
心理的要因　3分

【デメリット・区分け】（満足度など）
物理的要因
心理的要因　3分

【物理的要因の対策】　5分
討議
↓
実現可能性チェック

【心理的要因の対策】　5分
討議
↓
実現可能性チェック

【グランドルール】
全員一回は発言・一度の発言は簡潔に・批判厳禁

ミーティング進行表（例）

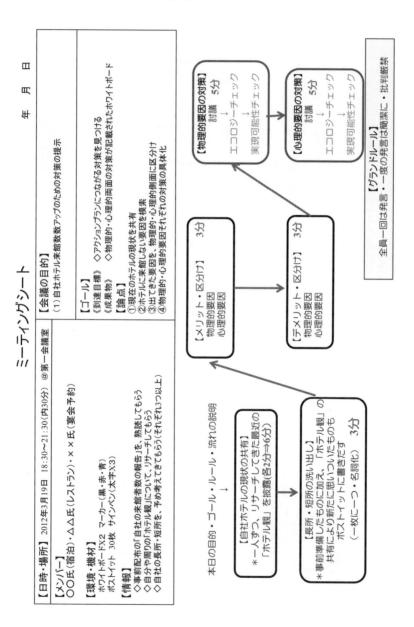

ホワイトボード（紙）

　時間が経ったり、議論が白熱してきたりすると、本来の議題や論点を忘れがちです。

　そこで、ホワイトボードやテーブルの上に置いた大きな紙など、みんなが見える場所に、大切なことを書いておきます。

　　　＊ミーティングの目的
　　　＊到達目標
　　　＊約束事
　　　＊終了時間など

　出てきた意見も、必ずみんなが見えるところに書いておきます。

　これは、とても重要です。なぜなら、議論が感情的になることを防げるからです。

　例えば、新郎の意見をホワイトボードに書いておきます。

　新婦が異なった意見を言う場合、新郎に向かって話すと、新郎を否定したり非難したりするイメージになりがちです。

　ボードに向かって話せば、「意見に対する意見」というイメージになります。

　これならば、新婦は言いやすくなるし、新郎の気持ちがざわつくこともないので、お互いが感情的になることも避けられます。

　このように参加するメンバーの心を守ることも、ファシリテーターの大切な役割です。

会議風景

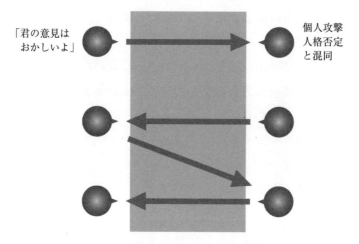

「君の意見は
おかしいよ」

個人攻撃
人格否定
と混同

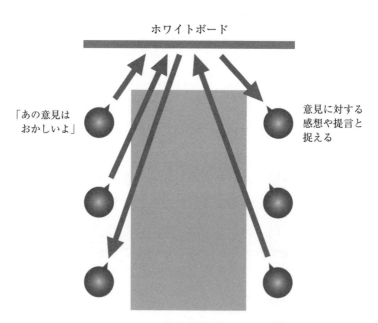

ホワイトボード

「あの意見は
おかしいよ」

意見に対する
感想や提言と
捉える

桑畑幸博著「目に見える議論」より引用・アレンジ

記録（議事録）

打合せの後に、簡単でも構わないので、記録（議事録）を残すことは大切です。

参加メンバーのために

ミーティングの成果とプロセスを、共有できる

ミーティングの成果を、評価できる

ミーティングで出てきた問題点や改善策を、整理できる

次のミーティングの事前準備や進行の、参考になる

次のミーティング前に配布すれば、事前に思考してもらえる

参加メンバー以外の人のために

いい意見やアイデアを、共有できる

参加しなかった人と、一体感が持てる

参加しなかった人にも、改善策などを協力してもらえる

ミーティングの目的は、ミーティングで出てきた意見を活用して、改善していくことです。

そのためには、参加メンバーだけでなく、それ以外の人全員の理解と協力も不可欠です。

また、お客様と共有することで、その後の打合せがスムーズにいくこともあります。

議事録は必ず作成して、配布したり保管したりして、次回の打合せに備えておきましょう。

第5章

ブライダルフェア

フェアの目的

　ほとんどのブライダル施設が、年に2回ほど大規模なブライダルフェア（グランドフェア）を開催しています。毎月や毎週のミニフェアもあります。

　新規獲得と、成約者のアイテムの決定と単価アップが目的です。

　この章では、グランドフェアについて述べます。大きなイベントを開催するまでの経緯から、日常の業務やミニフェアの問題点も見えてくるからです。

　フェアには、多くの新郎新婦や親御様がいらしてくださいます。期待の大きさの表れでしょう。

　ほとんどのフェアは、模擬挙式や模擬披露宴での営業のオンパレードです。日時をこちらの都合に合わせて、貴重なお休みに早起きをして、身支度を整えて、来館してくださり、長時間いろいろと検討してくださることに対する感謝の気持ちがどれほどあり、どのように伝えているのでしょうか。

　フェアは、新郎新婦に自分の会社が判断される機会でもあります。そうであるならば、フェアに話を進める前に、ブライダルそのものに対する自分自身の意識を整える必要が出てきます。

　お客様の期待に応え、お客様が喜んでくださるフェアを真摯に目指すかどうかで、「会社の品性」が問われているのではないか、と感じます。

　新郎新婦や親御様が笑顔でお帰りになるフェアは、その後のお客様とプランナーやパートナー企業との関係性にも、いい影響を与えます。

集客

「よいフェア＝人が集まるフェア」。

フェアの成功のカギは、「集客」です。

新郎新婦のお役に立ちたいと願うフェアが、お客様の心を動かさないはずはありません。しかし、その思いや具体的な内容をご存じなければ、足を運んでくださいません。

また、「集客→成約→利益」が会社やパートナー企業の目的です。

組織の一員として働く以上、集客は社会人としての責任でもあります。

告知

告知の担当は、広報です。しかしプランナーの熱い思いが広報に理解されないと、特別感のないありふれた告知になってしまいます。

そうならないためには、企画の段階から広報に参加してもらったり、綿密な情報共有を図ったりすることが求められます。

告知は、相当な費用がかかります。「集客人数目標を明確」にし、「費用対効果を検証」し、「随時の効果測定」も重要です。

告知の内容は、「論理的アプローチ」と「感情的なアプローチ」を組み合わせます。

お客様がブライダルに求めるのは「安心感」と「期待感」です。

「安心感」を与えるには正統性が必要となります。

「期待感」を与えるには斬新さが求められます。

あらゆる層に訴求するためには、その両方をイベントや新商品などに転換して、バランスよく組み合わせなければなりません。

企画

　ブライダルフェアに限らず、イベントはまず企画ありきです。

　日程や内容など、決めなければならないことが数多くあります。

　通常業務と並行して行わなければならず、かつ今までの経験もあるので、これまでと同じような安易な内容になってしまいがちです。それでは、他社との差別化になりません。

　自社のメリットをアピールすることは当然ですが、自社の「デメリットをメリットにする」ことも、大切です。

　新郎新婦の目的は「既に知っている情報の確認」と「新しい情報の収集」です。120％の満足を期待している新郎新婦に、試されます。

　新郎新婦の心を動かすために、

「視覚」に訴える模擬挙式や模擬披露宴

「味覚」や「嗅覚」に訴える試食会

「データ」としての特典割引などを、企画します。

　また「感情的アプローチ」として、結婚式における親御様の心情や、プランナーやスタッフ達の思いまでもきちんと伝えることが、とても重要になってきます。

　通常の結婚式は新郎新婦の予算や要望に捉われてしまいますが、フェアでは自由に企画できます。現場経験をフルに活かした個性的なアイデアや新商品を紹介して、新郎新婦の期待をいい意味で裏切ることができる機会でもあります。

214

来館のきっかけになるイベント

　新郎新婦や親御様のための「お役立ちセミナー」です。

美しい写真の撮られ方セミナー

　新婦にとって、写真はこだわりたいアイテムの一つです。

　写真は式後のクレームとなる場合が、散見されます。それも「思っていたイメージと違う」など、あいまいな理由の場合が珍しくありません。結婚式に対する不満の八つ当たりではないかと思われる場合もあります。

　そうしたトラブルを予防するという効果もあるセミナーです。

　花嫁衣裳は立ち居振る舞いが普段と大きく違ってくるので、セミナーでしっかり学んでいただきます。

［立ち居振る舞い： p 234参照］

試食会＆食事のマナーセミナー

　試食会の前後に厨房の見学を入れる施設もあります。厨房を観ると、調理のタイミングの難しさや繊細さを体感できるからです。

　宴会サービスは、プロならではの美しい所作で、新郎新婦の代理としてゲストにおもてなしをします。

　披露宴は新郎新婦の「食べる姿」まで見られてしまい、それがプレッシャーで結婚式に消極的なお客様もいらっしゃいます。

　マナー講師が一緒に食べながらマナーの話をしたり、実際に指導したりすると、安心感に繋がります。

［宴会サービス：p113参照］

［食事：p242参照］

模擬挙式＆ポージングセミナー

　挙式は、緊張のあまりあっという間に終わってしまう場合も、珍しくありません。

　キリスト教挙式も神前式も、それぞれの所作や、司式者のお言葉に、深い慈愛と意味があります。単なるセレモニーと一線を画す、これからの二人の宝物になるような挙式として、紹介します。

　事前にそれぞれの細かなポージングを学ぶと、気持ちに余裕をもって式に臨めるようになり、宝物となる写真が撮れるようになります。

［立ち居振る舞い：p234参照］

［挙式：p238参照］

模擬披露宴＆ポージングセミナー

　披露宴は、新しい人間関係へのデビューの場です。

　ゲストに好印象を持っていただき、これからの結婚生活のお付き合いをいい形でスタートしてほしいものです。

　入退場の歩き方、腕の組み方、お辞儀などの基本姿勢、乾杯や挨拶を受ける時の姿勢、ケーキカットでの目線など、あらゆるシーンの所作をレクチャーします。

［人間関係の再確認： p222参照］

［披露宴： p241参照］

花嫁衣裳の選び方セミナー

　花嫁衣裳は、新婦の印象の良し悪し、ひいてはこれからのお付き合いに大きく影響します。

　「貴女のための、好印象を与える衣裳選び」というパーソナルなアドバイスはとても喜ばれます。パーソナルカラーをベースにしたドレスや着物、ブーケの選び方、肩のラインが美しく見えるデザインなど、アドバイスできる内容はたくさんあります。

［花嫁衣裳： p 228参照］

親御様のためのセミナー

　お母様は、ベールダウンや退場のアテンドなど、第二の主役です。

　少子化となり、親子関係は一層親密になったと言われています。

　親としては、子どもの結婚の嬉しさと寂しさはひとしおです。親として初めて結婚式に臨む親御様も少なくありません。

　「今は昔と違うから…」と、アドバイスを控える親御様も多いのですが、大切にしなければならないことは、今も昔も変わりません。今の結婚式のトレンドを学んだり、「留袖の柄の選び方」を学んだりして、親御様にも結婚式まで日々を楽しく過ごしていただきたいものです。

　結婚式当日の親御様は、あちこち動き回らなければなりません。

　挙式前だけでも、留袖やモーニングのお着替え室、親族控室や来賓控室、受付へのご挨拶回りなど、大忙しです。

　当日の流れや場所などを事前に知れば、不安が和らぎます。

　親御様が費用の援助をする場合が、今でも少なくありません。結婚式の準備期間も、親御様に施設のファンになっていただき、喜んで援助していただけるよう気遣いをすることも大切です。

長時間滞在に繋がるイベント

　長時間滞在を企画する理由の一つに、新郎新婦が「他のブライダル施設に流れることを防ぐ」というのがあります。

　しかしそれ以上に、大切な意味があります。長い時間滞在することで「わが社のファン」になってくださることです。

　「ここって、違うかも？」と思った途端、その施設に興味を失ってしまうことが、珍しくありません。長時間滞在していただくことは、リカバリーの機会を得ることにも繋がります。

男性控室

　女性だけが熱心に見学をして回り、男性はお付き合いということが珍しくありません。退屈し始めた新郎に「そろそろ、帰る？」と気遣う新婦を見かけることもあります。

　お父様の多くも、「できれば早く帰りたい組」です。ブライダルフェアのような華やかな空間は、どうも居心地が悪いようです。

　男性陣のために、ゆっくりした控室を用意します。テレビやスマホでゆっくりニュースを見たり、スポーツ観戦を楽しんだりしながら、お待ちいただくのです。施設内にプールやジム、サウナなどがある場合は、そこで楽しんでいただいてもいいでしょう。

　今は皆さん携帯電話をお持ちなので、いつでも相談したり合流したりできます。ずっと男性陣に同行していただかなくても大丈夫なのです。

　ちなみに、今は少なくなりましたが、愛煙家の方もいらっしゃいます。タバコが吸いたくなると、そわそわしてしまいます。近くに喫煙所をご用意すると、ゆったりとお待ちいただけます。

新郎のためのセミナー

最近の新郎はオシャレに関心が高く、積極的に自分の衣裳を選ぶ姿をよく見かけます。

興味がなさそうに見える新郎でも、ちょっと水を向けてみると、「背を高く見せたい」「足を長く見せたい」など、具体的なリクエストが次々と出てきます。気恥ずかしくて遠慮しているだけで、実は興味津々の男性も多いのです。

男性も、パーソナルカラーやボディラインによって、似合う衣裳は大きく変わってきます。新郎のための衣裳の選び方セミナーやパーソナルアドバイスは好評で、熱心に質問してくる方も少なからずいらっしゃいます。

新郎のためのポージングセミナーも、喜ばれます。

模擬挙式や模擬披露宴で、熱心にメモを取っていらっしゃる新郎をよくお見かけします。エスコートの仕方にもとても関心があるようで、セミナー後に細かい質問を受けることも珍しくありません。

女性限定フェア

新郎がお付き合いしなくても済むようにと、女性限定フェアを企画したことがあります。たくさんの新婦がお母様や姉妹、友人といらしてくださいました。

11時30分からの試食会&マナーセミナーからスタートし、花嫁衣裳の選び方セミナー、美しい写真の撮られ方セミナーと、夕方までずっと滞在してくださるお客様も数多くいらっしゃいました。

セミナーの合間のケーキ試食やメイク体験、ネイルやハンドケアなどのイベントにも積極的に参加してくださり、女性限定ならではの気楽で華やかな賑わいは、大好評でした。

スタンプラリー

スタンプラリーは、フェアの全てを紹介することで、新郎新婦が期待していた以上の情報を楽しい形で提供できるイベントです。

全コーナーをコンプリートしたお客様にはプレゼントやくじ引きを用意するので、皆さん熱心に回遊してくださいます。

新郎新婦が興味を持つ情報には、偏りがあるものです。しかしラリーの過程で、今まで興味がなかったところでも、新発見をしてくださいます。

美しくコーディネイトした会場やパートナー企業の展示コーナーなどもまんべんなく見て回りたい新婦に、きっかけを与えてあげることもできます。

接客を希望しないお客様や、希望されても人手不足で接客ができないお客様を飽きさせない工夫ともなります。

抽選会

フェアは、午後遅い時間になると、閑散としてしまいがちです。それを是正するための企画でもあります。

プレゼントに期待して来館してくださるお客様も、少なくありません。

以前、抽選会を16時30分から開催しました。いざ蓋を開けてみると、大変な盛況でした。ずっと滞在していたお客様に加え、途中で他の施設のフェアに向かわれたお客様も、その時間に合わせて戻っていらっしゃいました。

景品には目玉になるものが必要ですが、割引券などこれからの成約や単価アップに繋がるものは、施設側にとっても魅力です。

第 6 章

新郎新婦へのアドバイス

人間関係の再確認

　結婚式は、これまでとこれからの人間関係が、はっきり可視化される機会です。主役はもちろん新郎新婦ですが、決して「王子様とお姫様」ではありません。むしろホスト・ホステスとして皆さまをもてなし、お互いの人間関係の橋渡しをするという、重要な役割があることも忘れないでください。

「ありがとうございました」

　当日いらしてくださる方は、今日まであなた方の成長を見守ってきてくださった方ばかりです。これまで支えてくださったことへのお礼の気持ちを、きちんとお伝えしたいものです。

「はじめまして」

　あなた方の結婚で、双方の人間関係に大きな変化が訪れます。

　両家は姻族関係となり、仕事やプライベート関係のゲストにとっても、ニューフェイスの登場は、大きな出来事です。結婚式はお互いの人間関係の輪が交わる機会なので、はじめてお目にかかる方も多いでしょう。あちらの世界に足を踏み入れる瞬間です。

　笑顔で迎え入れていただけるよう、好印象を心がけましょう。

「よろしくお願いします」

　新しい世界を築いていくこれからの日々、折に触れて皆さまにお世話になるのは間違いありません。

　しかし礼節を失わなければ、きっとお二人を心から応援してくださるでしょう。

お父様にとっての結婚式

　私達が仕事やプライベートで接する壮年の男性のほとんどが、ご家庭ではお父様です。

　いろいろな方がいらっしゃいますが、総じて家族のために何十年も働き続けてくださった方々です。心の安定には経済的基盤が大切という現実を見れば、お父様は家族を心身共に支えているとも言えるでしょう。

　そうやって長年守り育ててきた息子や娘を手放してしまう瞬間が、結婚です。

　進学や就職で家を離れることと違い、子どもは結婚することで親の戸籍を離れ、新しい戸籍を作ります。ですから、お父様にとっては、本当に手放してしまう決断の時なのです。

　お父様は、息子や娘との幼いころの様々な触れ合いを思い出し、見送る日を想像し、既に寂しさで心にぽっかりと穴が開いているかもしれません。

　どうか残された日々の中、できるだけお父様と向き合い、相談する機会を設けてください。「好きにしなさい」とおっしゃるかもしれませんが、進捗状況を報告するだけでも、親は嬉しいものです。

　それに、お父様も昔は新郎でした。

　時に、二人が衝突することもあるかもしれません。そんな時こそ、お父様に相談してみましょう。思わぬ意見が聞けるかもしれませんし、間に入ってくださるかもしれません。

　新郎の大先輩として、大いに頼りましょう。

お母様にとっての結婚式

　子どもが風邪を引いたり、けがをしたり、成績が下がったりすると、「まったく、もう！」と叱りつつも、「私がもっと気をつけてあげていれば…」と、考えてしまうのが母親です。

　雨が降りそうなら傘を、寒くなりそうならマフラーを手に持って、玄関まで追いかけていらっしゃいませんか？

　体調を崩さないか、心配で仕方ないのです。

　あれやこれやと、うるさく聞きたがりませんか？

　心が安らかなのか、気になって仕方ないのです。

　そうやって、生まれた瞬間から何十年も、優しいまなざしで見守り続けてきたのが、お母様です。

　人に優しくするのは、さほど難しくありません。しかし、いつも変わらず優しくし続けることは、とても困難なことです。

　それでも母親は、母であるという理由だけで、溢れるほどの無償の愛情を与え続けます。

　そんなお母様から、あなた方は今、巣立とうとしています。

　花嫁衣裳を選ぶ時には、是非お母様に同行してもらってください。娘にはどんな衣裳が似合うのか、時にはプロ顔負けの眼力をお持ちです。結婚式で求められる「格の高さ」など、事前に知っておかなければならない大切なことも教えてもらえます。衣裳だけでなく、一番のアドバイザーであることは、間違いありません。

　結婚の支度を一緒にしながら、今までの日々を共に振り返り、ご両親の愛を改めて心の中で抱きしめながら結婚式を迎えることは「幸せになる第一歩」だと、私は思います。

新しい社会へのデビュー

　会社関係や仕事関係などビジネス上のお付き合いがある方は、新郎（新婦）がどのような伴侶を得たのか、社会人の目線で注視なさっています。また、結婚式の印象がそのまま新郎新婦の人物評価に繋がりかねません。

　「社会の目」にどう映るのかも、大切なポイントなのです。

　お立場のある方からは過分なお祝いをいただく場合がほとんどですから、食事はある程度上質でなければ失礼になってしまいます。演出が家族寄りであったり、友人の内輪受けだったりに終始するのも、礼を逸してしまいます。

　仕事で今後もお世話になる方を多くお招きするのであれば、社交的な度合いが高くなると考えましょう。

親族デビュー

　結婚して親族の一員になれば、お付き合いは一生続きます。

　双方のご親族に失礼がないよう、これまでの感謝と今後のお願いを丁寧に伝える場にしたいものです。

　地方により伝統やしきたりが違う場合が、少なくありません。

　ご本家がしきたりを大事にする場合、新郎新婦の安易な決定が親御様の顔をつぶすことにもなりかねません。お互いの歴史を受け入れることだと考えて、親御様を頼りに、確認や検討をしてください。

　ご親族は、冠婚葬祭などで必ずお付き合いが発生します。親族デビューで好印象を持ってくだされば、何かあった時に手助けしてくださるでしょう。また、子どもを手放す親御様のことも、何かと気にかけてくださるはずです。

優先順位の確認

　どの人間関係を優先するかが決まると、自ずと大切にしなければならないことが見えてきます。と同時に、優先できなかった方達への配慮も具体的に見えてきて、結果的に皆様に楽しんでいただけるようになります。

　仕事関係優先であれば、ご家族ご親族に関わる演出は限られてしまいます。申し訳ないことですが、その気持ちを持つことで、事前にご挨拶に伺ったり、親族控室での配慮を整えたりするなど細やかな気配りが自然とできるようになります。

　家族への感謝を優先したい場合は、仕事関係のゲストにも細かい説明を加える、演出に参加していただくなど、気持ちを共有していただけるような心配りができるようになります。

　優先順位をつけるということは、全ての方の気持ちを大事にすることに繋がるのです。

求められる印象

　優先順位が決まったら、花嫁花婿として望まれる姿が見えてきます。仕事関係やしきたりを重視するなど保守的な方にとっては「頼りがいのある花婿」「気品のある花嫁」などが好ましく映るかもしれません。同年代やざっくばらんな方達は「優しくて楽しそうな花嫁花婿」を身近に感じてくださるでしょう。

　いずれにしても、初めてお目にかかるゲストにとっては、結婚式当日がお二人の第一印象です。「見た目で判断される」割合も高くなります。

　立場をわきまえた装いと立ち居振る舞いで、新しい人間関係をプラスからスタートさせたいものです。

新郎の役割

「結婚式は花嫁のためのもの」とは、よく耳にする言葉ですが、新郎にも大切な役割があります。

ひとつは、新婦を支えることです。

新婦は、心が高揚していて本人も気づいていませんが、直前までの準備や慣れない衣裳で、心身ともに疲れ切っています。結婚式の途中でダウンするケースもあるほどです。

手を添える、支える、リードするなど、頼もしい新郎のフォローがあれば、新婦は安心できて、笑顔も一層輝くはずです。

照れくさがらずに自然にできるよう、普段のデートから彼女をエスコートする練習をしておきましょう。

もう一つはホストとしてゲスト同士の橋渡し役を務めることです。

ゲストの方々の共通知人は、新郎新婦です。しかし花嫁衣裳では、なかなか動きづらいものです。

新婦の分まで、ゲストを引き合わせたり紹介したりするなどの心配りをします。

他にも、進行に気を配る、キャプテンやアテンダーさんに要望を伝えるなどしなくてはならないことは意外とたくさんあります。

結婚式に関する準備を新婦任せにしていては、当日ホストの役割を果たすことは難しいでしょう。

結婚式で求められる「誠実で信頼できる新郎」像を、ぜひ準備段階から実践していただきたいものです。

花嫁衣裳

カラーマジック

「パーソナルカラー」の項で述べたように、好きな色と似合う色は違います。

ドレスや着物は、普段の洋服に比べて色面積が圧倒的に大きいので、色が与える影響はさらに大きくなります。

似合う色を選ぶと、健康的に見える、顔の輪郭がすっきり見える、といった効果があります。ビスチェタイプのドレスの場合は、胸元や背中が美しく見える、二の腕がすっきり見えるなどの効果も期待できます。

苦手な色の衣裳を選んで、顔色が悪く見えたり黄ばんで見えたりして、「不健康・暗い」と言ったマイナスイメージに繋がらないよう、丁寧に選びましょう。

白にも多くのバリエーションがあり、顔映りなどに大きな差が出ますので、パーソナルカラーの4シーズン別に、お薦めのウエディングドレスを、素材や小物（アクセサリーやヘアドレスなど）と共に紹介します。

ウインターの人は、限りなく真っ白に近い白がお似合いです。張り感ある素材のドレスと、白いパールやシルバーで、輝きとメリハリのあるデザインの小物が、はっきりとした眼差しを際立たせてくれます。

サマーの人は、黄味を帯びないオフホワイトがお似合いです。レースやシフォン、ジョーゼットなど透け感があって柔らかい素材の

ドレスと、ピンク系のパールやシルバーで、細やかなデザインの小物が、優しい眼差しと共に、柔和さを演出します。

　オータムの人は、シャンパンカラーやアイボリーがお似合いです。厚手のシルクなどしっかりとした素材のドレスと、落ち着いた輝きのゴールドの小物がお肌に透明感を与え、落ち着いた眼差しの大人の存在感を演出します。

　スプリングの人は、黄色味を帯びたクリーム色がお似合いです。チュールなど張り感やボリューム感のある素材のドレスと、輝きのあるゴールドの小物が、目の輝きと共に、溌溂さを一層増してくれます。

　カラードレスは、色の与える影響がさらに大きくなります。

　より丁寧に、顔映りをチェックしましょう。

　ドレスや着物の「柄」も、大きく影響します。

　輪郭のはっきりした柄や大柄は、ウインターやスプリングなど顔立ちや眼差しがはっきりしている人にとてもお似合いです。しかしサマーやオータムなど顔立ちや眼差しが柔らかい人は、お顔負けしてしまう場合があります。

　輪郭が曖昧な柄や小柄は、逆にサマーやオータムの人にお似合いです。

　お母さまの黒留袖の柄も、印象を大きく左右するので、シーズンによってお似合いのものを選ぶようにしましょう。

　結婚式のような好印象を持っていただきたいシーンでは、「客観的な視点」を大切にして、憧れの衣裳は前撮りすることをお薦めします。

デコルテ

「小顔に見せたい」「首から肩のラインをすっきり見せたい」場合は、ドレスのデコルテ（胸）のデザインが、重要なポイントです。

丸顔やなで肩は、胸元が大きく空いていて、直線的なデザインが、首を長く、顔をすっきり見せてくれます。

顎が細い三角顔やいかり肩は、胸元が曲線的なデザインやフリル、もしくは襟のつまったデザインが、シャープすぎる顔立ちや肩のラインをソフトに見せてくれます。

エラが張っている四角顔やがっちりした肩は、胸元がハート形や曲線的なデザインが、印象を和らげます。

いずれにしても、ドレスを着た時にフェイスラインとショルダーラインがどう見えるのか、注意深くチェックしましょう。

シルエット

よりほっそりと、メリハリのあるプロポーションに仕上げるには、体型の短所をカバーしてくれるデザインを選びます。

ウエストを細く見せたい場合は、ウエスト切り替えがV字のデザインが効果的です。

細ウエストとすっきり腰は、適度なボリュームの胸元とAラインに広がるスカートを組み合わせると、相乗効果を狙えます。

華奢すぎる体型の場合は、柔らかい素材で、ボリュームを足したい部分をギャザーやフリルでふんわりと丸く仕上げます。

女性らしい体型の場合は、胸や腰のふくらみを美しく見せるマーメイドラインを是非お薦めしたいものです。

ドレスを試着したら、鏡から離れて、全体のバランスを前からも横からもチェックしましょう。

ボディメイク

どのようなデザインのドレスでも、自分のボディラインがシルエットに多かれ少なかれ影響してきます。

結婚前にダイエットに励む花嫁が少なくありませんが、過度なダイエットは肌や髪の艶がなくなったり、当日に体調不良になったりと、マイナス要因も多いので要注意です。

また、ドレスのサイズ調整後に痩せてしまうと、当日体にフィットしない場合があります。最終調整後は、そのスタイルをキープすることを心がけましょう。

ボディメイクには、ブライダルインナーが不可欠です。

無理なダイエットをしなくても、自分にきちんと合った下着を正しくつければ、プロポーションはかなり整うものです。

ビスチェなどで上半身の矯正をする場合は、体を締め付け過ぎずかつメリハリを作ってもらうために、専門店で採寸や試着をして用意するか、ドレスショップで相談した方が安心です。

最近は一度しか使わないから、安価だからなどの理由で、ネット経由でSMLなど大まかなサイズだけを参考に購入するケースも散見されます。

しかしながら、体型の変化やドレスラインとの兼ね合いで、どう調整しても胸元や背中、わきの下などでインナーが見えてしまうことがあります。当日になって起こることも多いトラブルなので、要注意です。

ベール

　レースは、ドレスのレースと似た素材や質感（手触り）のものを選ぶと、トータル的なイメージがアップします。

　ボリュームのあるドレスの場合、ベールの柄を全体に散らさず裾に広がるものを選ぶと、すっきりとした印象に仕上がります。

　パイピング（縁取り）で装飾されたベールは、直線的なデザインのドレスや、ミカドシルクやサテンなど張りのある素材のドレスは、太めのパイピングが好バランスです。

　曲線的なデザインのドレスや、オーガンジーなどソフトな素材のドレスは、細めのパイピングを選ぶと、バランスが取れます。

　ただし背の低い人は、どんな素材のドレスでも、細めの柄やパイピングを選ぶ方が、スタイルよく見えます。

　素材に張りがあって横に広がるショートベールは、丸顔は一層丸く見えますが、細顔をふくよかに見せる効果があります。

　素材に張りがなく縦のラインが特徴的なベールは、細顔は寂しい印象になりますが、丸顔をほっそり見せる効果があります。

　同じベールでも、ヘアスタイルやベールを付ける位置、ヘアドレスの種類などによって、背高効果やフェイスラインの矯正、エレガントやキュートなどイメージの演出などができます。

ブーケ

　ドレスとブーケを同じシーズンの色で揃えると、ドレスとブーケが全く違う色であっても、全体的なイメージが整います。

　ウインターやスプリングなど眼差しが強い人は、大ぶりのバラやユリ、カラーなど花の輪郭がはっきりした存在感のあるものがお似合いです。グリーンも存在感のあるものを組み合わせます。

　スプリングの人は、ヒマワリやパンジーもぴったりです。

　サマーの人は、かすみ草がとてもお似合いです。サマーカラーの小ぶりな花やラナンキュラスのように花びらが薄い花と、小さめで淡い色のグリーンの組み合わせは、柔らかな素材のドレスと共に、初々しさを優しく演出してくれます。

　オータムの人は、クラッシックローズなど落ち着いたトーンの花材と、同じく落ち着いた色合いのグリーンの洗練されたイメージがよくお似合いです。

　体型のフォローも、してくれます。スッキリ見せたい人には、縦に細長いキャスケードタイプが効果的です。

　逆にふくよかに見せたい人は、ボールタイプや、三日月のようなクレッセントタイプが、効果的です。

トータルイメージ

　高さのあるヘアアップやティアラは、細顔はますます細長に見えてしまいますが、丸顔をすっきり見せます。ダウンスタイルや低い位置のヘアドレスは、細顔を柔らかく見せますが、丸顔は大きく見えてしまいます。

　メイクは、好印象が大前提で、自分のシーズンから色を選びます。またラインメイク、ほんのりメイクなど、ドレスのデザインとイメージを合わせます。

　白い靴は、ドレスの色味と合わせます。トウの形は、ドレスのシルエットに合わせて、丸みがあるものか細いものか選びます。

　アクセサリーや手袋などの小物も、求めるイメージを大切にしながら、丁寧に選んでいきましょう。

立ち居振る舞い

立ち姿

　全ての立ち居振る舞いの基本となるのが「立ち姿」です。

　ポイントは、お二人の立つ位置と、姿勢です。

　お二人で立つ時は、肩を寄せ合って、お互いの体で「ハ」の字を作るようにします。そしてお互いが「寄り添う心持ち」でいれば、自然と睦まじい姿になるものです。

　凛とした姿勢にするには、かかとから頭まで、徐々に上の方に意識を持っていきます。

かかと：かかとを揃え、つま先を自然に広げます。スレンダードレスの場合は、彼の方にある足を少し後ろに引くと、ドレスのラインがきれいに見えます。

膝お尻：膝がしらに力を入れて、お尻の両方をくっつけるようにすると、太ももからみぞおちまで緊張感を持ち、下半身が安定します。

　肘　：腕を真っ直ぐおろしている時もブーケを持っている時も、肘を少し後ろに引きます。二の腕がすっきり見え、胸元が開くので衣裳映えします。

うなじ：肩の力を抜きつつも、うなじを伸ばすような意識を持つと、首や背中が美しく見えます。

　頭　：頭のてっぺんを上に引っ張られるような意識を持ち、あごを引くと、かかとから頭まで全体の姿勢が整います。

　普段から練習して、体に覚え込ませましょう。

ブーケの持ち方

　ブーケを美しく持つと、プロポーションと姿勢を美しく見せる効果があります。

　ドレスを着用して、ブーケ（代用品でもかまいません）を持ち、鏡の前で基本の立ち方をして、ブーケを上下させ、ウエストがもっとも美しく見える位置を決めます。

　次に、両肘を後ろに引きながら開いて、肘とウエストのくびれでひし形を作ると、くびれがよりきれいに見えます。

　二の腕が細く見える、猫背がなくなる、ドレスのデコルテが胸元にフィットするという効果もあります。

振り向き方

　振り向いた瞬間、写真を撮られることがあります。顔だけで振り向くと、白目になったり、首にしわが寄ったりします。

　ドレスはボリュームも重さもあるので、大胆に動かないと体についてきてくれません。体全体を使って、ブーケが相手の正面に向くまで、ドレスをゆっくりと回転させましょう。

歩き方

　意外と歩く場面が多いのが、結婚式です。

　慣れない衣裳なので、美しく歩くには新郎のエスコートが不可欠です。新郎が半歩先をリードするように歩くと、スマートです。

　新婦は、彼の腕にそっとつかまって、しずしずと足を運びます。

　ただし、腕を深く組むと手の甲まで見えてしまうので、指先で彼の服を軽くつまみます。止まってほしい時やゆっくり歩きたい時は指を手前に引く、早く歩いてほしい時は手のひらで彼の腕を押すな

ど、さりげないサインでペースを伝えるといいでしょう。

　自宅でロングスカートをはいて練習しておくと、歩く時だけでなく、段差でスカートの裾を挙げる際のふとした仕草もさりげなく美しく振る舞えるようになります。

　重要なのが、靴のセレクトです。

　時には数キロになるドレスの重みは足にとって大きな負担です。サイズが合わず足が痛くなると、立ち姿や歩く姿に影響します。かかとの高すぎる靴も、不安が表情に出るので、NGです。

　丁寧に選びましょう。

座り方

　座っている時も注目の的です。新郎も新婦も、美しい立ち姿のまま腰を落とすイメージで、浅く座りましょう。

　新婦は、たとえ見えていなくても、足のラインがドレスのシルエットや全身の姿勢に影響します。

　かかとか膝を、必ずくっつけるようにします。

　膝を新郎側に倒し、膝から下を反対側に流すと、ドレスのラインがきれいになり、「寄り添う」雰囲気を醸し出してくれます。

　新郎は、かかとを膝よりも少し前に置くことで、足が長く見えます。足は開きすぎず、つま先は少し開き気味にします。

　写真撮影の時は、手は軽く握って、腿の上に置きます。

　座る時は、椅子の前に立ったら、後ろからアテンダーさんが椅子を押し出してくれます。膝の後ろに椅子が当たるのを感じたら、背筋を伸ばしたまま、ゆっくりと腰を落とします。

　前かがみになったり、視線を後ろや下に向けたりせず、貴婦人イ

メージで、ゆっくりと座りましょう。

　立ち上がる時も、アテンダーさんがフォローしてくれます。

　まず、足を少し前後に開き、重心をお尻から膝に移しながら、頭を上から吊り上げられるようなイメージで、ゆっくりと立ち上がります。この時も、前かがみになったり、視線を後ろや下に向けたりしないよう、要注意です。

お辞儀

　何より大切なのは、「心」です。

　気持ちの伴わないお辞儀は、見た目がどんなに美しくても、慇懃無礼にしか映りません。心は形となって表れるものなのです。

　深々と頭を下げる必要はありません。うなじから背筋のラインを意識しながらまっすぐ伸ばし、あごを引いて、腰から上をゆっくりと前に倒します。ブーケを手にしている場合は、ブーケを持った手でおへその下を押すと、美しい前傾姿勢になります。

　お二人でお辞儀をする場合は、タイミングを合わせることも大切です。お互いの仕草を意識しながら、呼吸を合わせて、頭を下げる→止める→上げるを、意識します。

　胸元が大きく空いたドレスの場合は、膝を折って貴婦人風にお辞儀をするのもきれいです。

　気をつけなければならないのは、迎賓や送賓など多くの方にご挨拶をする時です。

　お待ちくださっている方がいると、お辞儀から頭を上げてすぐに、次にご挨拶する方に目線が行ってしまいがちです。

　お辞儀は、最後こそ肝心です。頭を上げたらもう一度相手の目を見て、感謝の気持ちを微笑で伝えましょう。

挙式

ベールダウン

お母様が挙式直前にベールを下ろすセレモニーが、多くなりました。新郎のベールアップの時よりも腰を低く落とすことが求められます。

お母様は、片足をドレスの下に滑り込ませて、近づきます。

新婦は、足を前後に開いて安定させ、背筋を伸ばしたまま、前かがみにならないようしっかりと腰を落とします。ブーケを持った手を足の付け根に置けば、安定感が増します。

お母様がベールを下ろし始めたら、新婦は立ち上がります。

そこで見つめ合う時間は、とても微笑ましく、心に残る風景になるでしょう。

お父様との入場

お父様のエスコートで歩くバージンロードは、お父様にとっても大切なひと時です。しかし、当日はとても緊張します。そこで、お父様にお願いして、腕を組んで歩く練習をしてはいかがでしょう。歩調を合わせることが、意外と難しいと気づかされます。

実は、もう一つ大切な理由があります。

嫁ぐ日が近づき、準備に明け暮れる母娘の傍らで、なんだかおいてきぼりにされているように感じている（かもしれない）お父様とのふれあいのきっかけにしてほしいのです。

「練習が、とても楽しかった。あれが、一番の思い出になった。ずっと、練習していたかった。本番なんて来なければいいと思ったりした」などとおっしゃるお父様が、結構いらっしゃいます。

ベールアップ

　二人の壁を取り払う「ベールアップ」は、神聖な儀式の一つです。司式者から指示されたら、ひと呼吸おいて、向かい合います。

　新郎は、片足をドレスの裾に滑り込ませるようにして近づき、フェイスベールの裾を持ちます。その時、手の甲を上にして、指を揃えます。

　彼がゆっくりとベールを上げ始めたら、新婦は両手を揃え、足を前後に開いて、膝を折って、腰を下ろします。

　顔を下に向けるのではなく、やや顎を引き、彼の胸のあたりに目線が来るまで屈みます。くれぐれも猫背になったりお尻が突き出たりしないように注意しましょう。

　新郎は、ベールを上げた後は、新婦の肩→二の腕→肘辺りまで、手を離さずに下ろします。そのタイミングで新婦もゆっくり立ち上がると、ベールの形がきれいに整いやすくなります。

　新婦が立ち上がったら、新郎はベールの形を整えます。ベールアップの後にベールがクシャクシャになってしまうことが多いので、時間をかけて丁寧に整えましょう。

　そして、前に出した足を元に戻します。

手袋の外し方

　新婦は、手袋の甲を新郎の方に向けて、胸の高さで指を揃え、指先を少し抜いて、手袋を緩めます。

　指先にゆとりができたら、そこをしっかり持って、肘を後ろ方向に、手を下方向に引くように外すと、美しく見えます。

　外した手袋は、片方ずつ付き添いの方に渡します。

指輪の交換

　緊張や焦りからハプニングが起こりがちな指輪交換です。リラックスを心がけましょう。

　ゲストの視線も集まるので、向き合う時に少しだけゲストの方に体を向けるよう意識します。また近づきすぎないようにします。

　まずは新郎が左手で、新婦の左手を下からそっと受けとめます。

　新婦の左手を導く場所は、新婦の肘が90度になり、肘から指先が真っ直ぐ伸びた辺りです。新婦は、指を少し広げます。

　新婦の右手は指を揃えて、自分のお腹辺りにそっと置くか、左肘のあたりを軽く支えます。

　指輪がなかなか入らない場合がありますが、慌てたり、指輪をのぞき込んだりするのはやめましょう。第二関節まで入れば、後は新婦が自分で入れられるので、大丈夫です。

誓いのキス

　妙に照れてしまう人も多いようですが、ゆっくりと顔を近づければ、必ず美しいシーンになります。

　キスは額や頬でも大丈夫です。ただし、事前に必ず決めたところにするのがマナーです。

　新郎は、ベールの下から、新婦の二の腕や肘辺りに手を添えます。新婦は、両手を揃え、軽く顎を上げて、目を閉じて、新郎のキスを待ちます。きゅっと強く目を閉じると、表情が険しくなるので、要注意です。

　新郎は、緊張して唇を突き出したり、照れてもじもじしたりしないで、ゆったりとした大人のキスを心がけましょう。絶好のシャッターチャンスなので、少なくとも3秒はそのままで。

披露宴

入退場

会場の照明が落とされ、BGMがかかると、ゲストはおしゃべりを止めて、入り口に注目します。

ドアが開いて、会場に入ったら、美しい立ち姿から、タイミングを合わせて二人でお辞儀します。顔を上げたら、笑顔で会場全体を見渡しましょう。

会場内を歩く時は、厳かに、もしくは親しみやすくといった自分達の結婚式のイメージを、会釈や笑顔で体現します。

ケーキカット

力を入れてケーキを切るのは新郎に任せて、新婦は手を添えるだけにします。

ケーキを切り終えるまでは、二人ともナイフから目を離さないことが大切です。

その後、まずはプロのカメラマンに写真を撮ってもらいます。

次は二人で耳打ちして、同じ方向に目線を向けながら、ゲストの皆さんに撮ってもらいましょう。

祝辞

主賓の方々による祝辞や、その後のスピーチの時は、まずは起立して、マイクの前のゲストに、顔だけではなく、体全体を向けます。

ゲストに促されて着席した後も、体全体を向けて拝聴します。

乾杯

　乾杯は、ゲストの「おめでとう」と、新郎新婦の「ありがとうございます」を表す所作です。にもかかわらず、ゲストと同じようにグラスを高く上げていませんか。

　新郎がグラスを持つ位置は、胸元の高さです。

　新婦は、みぞおちの前で、右手で指を揃えて持ち、左手を下に添えます。肘をやや開くと二の腕や胸元が美しく見えます。

　乾杯の発声を頂いたら、グラスを少し上げて「ありがとうございます」の笑顔と共に、ゲストに会釈をします。

　その後は、二人で見つめ合って、軽くグラスを近づけましょう。ただし、グラスをカチンとぶつけるのは、マナー違反です。

　細くて深いフルートグラスは、美しく飲むのが難しいので、新婦は口をつける程度にしておく方が、安心です。

食事

　衆目の中で食事をするのは緊張するものですが、堅苦しく考えず、いい機会と捉えて、マナーの本をちょっと紐解いてみてはいかがでしょう。緊張感が、グッと薄まります。

　慣れない衣裳であったり、汚れるのが心配だったりすると、前かがみになってしまいがちです。事前に小さくカットしてもらうと安心です。たれやすいソースやドレッシング、スープなどは、気になるくらいなら食べるのを控えた方が賢明かもしれません。

　和食の場合は、懐紙を左手に持つと、安心です。また、懐紙を使いこなす姿は、とてもエレガントです。

　スピーチや余興の時は、必ずナイフフォークやお箸を置いて、見聞きすることに専念するのが、マナーです。

配慮

スピーチ依頼

　ご来賓にスピーチや乾杯のご発声を依頼する場合は、できるだけ招待状を直接手渡しながらお願いしたいものです。

　お礼は「御車代」として、金額に見合った体裁の結び切りの祝儀袋に入れます。受付でお渡しする場合もありますが、親御様からお礼のご挨拶を兼ねてお渡しすると丁寧です。

遠方からのゲスト

　以前そのゲストの結婚式に列席したことがある場合は、その時にいただいた「御車代」を参考にします。

　そうでない場合は、「往復交通費」「片道交通費」「宿泊費」などに見合う金額を、関係性を鑑みて決めます。金額に見合った結び切りのご祝儀袋か白封筒に「御車代」と書いて、ほとんどの場合受付でお渡しします。

　「御車代を渡さない代わりに、ご祝儀を辞退する」ケースも、海外ウエディングなどでは珍しくありません。

御礼

　結婚式でお手伝いをしてくれたゲスト（多くは親族や友人）には金額に見合った結び切りの祝儀袋に「御礼」と書いて入れます。

　受付担当には受付が始まる前に、司会をしてくれるゲストには披露宴の前に、お渡しします。挙式時の立会人や、事前にお願いしておいたスピーチや余興、写真、ビデオなどのお礼は、披露宴終了後もしくは後日お渡しします。

心づけ

　スタッフへの感謝の気持ちを、結び切りのご祝儀袋に「寿」と書いて渡します。

　「サービス料を頂いているので…」と遠慮するスタッフもいますが、直接さりげなく渡すと受け取ってくれる場合も少なくありません。ヘアメイク、お着付け、キャプテン、司会、カメラマン、などに渡したいと思ったら、お世話になる前にお渡しするといいでしょう。直接会うことはなくても、調理場への心づけを渡す方もいらっしゃいます。

祝電

　祝電は、披露する順番が重要視されます。祝電をくださった方の関係者が披露宴に出席している場合は、特に気を遣いましょう。

　順番は、式前もしくは披露宴前に決めることがほとんどです。慌ただしいタイミングですが、親御様との関係性なども鑑み、親御様にも一緒に確認してもらった方が、安心です。

受付

　受付は、友人や若い親族に依頼することも珍しくありませんが、大金を預かるので、責任重大です。

　受付をターゲットにした窃盗や詐欺の事例が少なくありません。

　施設の従業員に扮して、「こちらで、お預かりします」と言って、祝儀を盗んでいく事例が続いたことがありました。

　親族に扮して、「さっき渡した祝儀袋にお金を入れ忘れたから、一旦戻してください」と言って、持って去っていく事例もありました。

当日はキャプテンのアシスタントなどが受付の人に直接アドバイスをしますが、事前に決めておいた方がいいこともあるので、以下の内容を参考にしてください。

受付時間

挙式参列者も、挙式後披露宴の前に受け付けます。

披露宴スタート前か、乾杯の後に撤収します。

受付担当者の名前と新郎新婦との関係などの基本情報

両家関係者が複数人数いるとお互いに遠慮しがちになるので、前もってリーダーを決めておくといいでしょう。

「御車代」対象者確認

来賓や遠方からのゲストで、受付で「御車代」を渡す人を確認します。

控室のご案内

主賓控室や親族控室に案内する人と場所を、確認します。

その他のご案内

受付は、お化粧室や着替え室、クローク、セーフティボックスなどの場所も質問されるので、事前に確認します。

ご祝儀や会費の保管責任者と、保管方法

受付撤収のタイミングはキャプテンのアシスタントなどが声をかけるので、それまでは誰かが必ずお金のそばにいるようにします。

受付後の保管

撤収後は、親御様がご祝儀袋を預かり、キャプテンのアシスタントなどと一緒にセーフティボックスなどに出向いて、保管します。

おわりに

　ご新規の案内や打合せを多く担当していたプランナー時代、上司から「最高の詐欺師だね！」と言われたことがあります。詐欺師という言葉に耳を疑いましたが、真意としては、お客様の予想を超えて感動させることのできるプロだね、ということだったそうで、それ以来私は、その言葉を最高の誉め言葉だと受けとめるようになりました。

　もちろん「もう辞めてしまいたい」と思うことがなかったわけではありません。調理や宴会サービスのスタッフや、上司や経営陣との関係性で頭を抱えることもありました。

　例えば、料理に関して挙げると、アレルギーや食事制限のあるゲストへの対応が当たり前となっている今と違い、都度料理長へ相談し、細かな説明を含めお願いしなくてはいけませんでした。宴会サービスについては、お客様の都合で持ち込みが前日や夜遅くになるとお叱りを受け、このタイミングでしか来られないお客様の代わりに頭を下げてばかりでした。そんなことが続くと、お客様に対して臨機応変な対応をすることに躊躇するようになりました。

　それでも、お客様から頂いた手紙を読み返したり、お客様からの感謝の言葉や最高の笑顔を思い出したりして、心を奮い立たせることができました。お客様は十人十色で、様々なご希望やご要望をいただきましたが、私はお客様のための結婚式という「揺らがない思い」と、それを実現させたいと強く思う「プライド」と、それを実現できるという「自信」からたくさんの幸せのお手伝いができたと自負しています。

　また、結婚式後に「ありがとう」「森さんに出会えて良かった」

「森さんが担当してくれて良かった」と言っていただける度に、大変だった日々も報われる気持ちになり、頑張れる原動力にもなっていました。

　プランナーの仕事は継続性がないと思われがちですが、実はそんなことはありません。

　ロッテ会館で担当したお二人が、目黒雅叙園に勤めるようになった私にお子様の結婚式を依頼してくださることもありました。また、何十年も前に担当させていただいたご夫婦のご主人が亡くなった際には、奥様から「お別れの会」を頼まれたこともありました。そろそろ銀婚式ですね、とやり取りをしていた矢先でした。私は以前、宴会にも携わっていたので、謹んで担当させていただきましたが、その時の思いは今思い返しても、言葉がありません。

　一期一会のご縁は、世代を超えて、時代を超えても受け継がれ、また一生涯のお付き合いになっていきます。

　プランナー人生は玉石混交ですが、それでも「どなたかの人生に足跡を残す」ことのできるこの仕事は、誇り高きものだと感じています。

　是非多くの皆さまにも、素晴らしい足跡を残していただきたいと願うばかりです。

　キクロス出版の山口晴之さんには、企画の段階から出版に至るまで強く背中を押していただきました。荒川雅美さんには、原稿の段階から、違った視点や経験をシェアしていただきました。

　遠山さんと共に、心から御礼申し上げます。

森　弥生

遠山 詳胡子（とおやま しょうこ）

（公社）日本ブライダル文化振興協会（BIA）初代ブライダルマスター
国家資格・1級ブライダルコーディネート技能士
東洋大学大学院国際地域研究科公債観光学専攻博士課程前期課程（修士）修了
（株）遠山ビルディング代表取締役
東洋大学国際観光学部非常勤講師
MAGIC COLORS STYLE日本代表
（一社）日本ホテル・レストランサービス技能協会（HRS）
テーブルマナーマスター講師
（一社）メンタルヘルス協会メンタルヘルスカウンセラー
（NPO）料飲専門家団体連合会儀典オーガナイザー
ICC国際コーチング連盟国際コーチ
サンタフェNLP／発達心理学協会プラクティショナー
エンパワーメントカウンセリング研究所
SPトランプ＆EDカルタインストラクター

森 弥生（もり やよい）

国家資格・1級ブライダルコーディネート技能士
（株）ヴァンヌーヴォ代表取締役
（一社）日本ほめる達人協会　特別認定講師
40年近くブライダルの現場で活躍中。1982年ロッテ会館（現ロッテシティホ
テル：錦糸町）でブライダルのノウハウを学び、約500組を担当。その経験
を基に1988年大手結婚式場八芳園（白金）で活躍。1990年に入社した目黒雅
叙園（現ホテル雅叙園東京：目黒）では、担当者時代には月間約40組の婚礼
を担当し、その手腕により1995年に婚礼予約課の支配人に着任。2004年には
ブライダル事業部の部長、2010年には執行役員も兼務するなど、ブライダル
の責任者として年間約2000組以上を見届けた。その後、2014年には出向先にて、
副社長として関東や関西の7つのゲストハウスを統括。現在は独立し、コン
サルタントという立場より、俯瞰した観点で全国のブライダル接客や経営を
見守っている。

協力　荒川雅美・宮原宏視

「ブライダル接客」の教科書

2023 年 6 月 14 日　初版発行

著者　　遠山 詳胡子・森 弥生

発行　　株式会社 キクロス出版
　　　　〒112-0012　東京都文京区大塚 6-37-17-401
　　　　TEL.03-3945-4148　FAX.03-3945-4149

発売　　株式会社 星雲社（共同出版社・流通責任出版社）
　　　　〒112-0005　東京都文京区水道1-3-30
　　　　TEL.03-3868-3275　FAX.03-3868-6588

印刷・製本　株式会社 厚徳社

プロデューサー　山口晴之

©Toyama Shoko　Mori Yayoi　2023 Printed in Japan
定価はカバーに表示してあります。　乱丁・落丁はお取り替えします。

ISBN978-4-434-32309-6 C0063

西洋料理・日本料理・中国料理・パーティーの知識を凝縮

大人のための
「テーブルマナー」の
教科書

NPO法人 日本ホテルレストラン経営研究所
理事長 大谷 晃 著

NPO法人 日本ホテルレストラン経営研究所

理事長 大谷 晃 著

四六判 並製・本文272頁／定価1,980円（税込）

レストランの世界は変化しています。にもかかわらず、テーブルマナーに関しては、今も、フォーク＆ナイフや箸の使い方、コース料理の食べ方などに終始しているのが現実です。それらはテーブルマナーのごく一部です。根本的に重要なものが他にもたくさんあることから、「店選びの決め手は下見」「クレームにもマナーがある」「正しい化粧室の使い方」「お店のチェックポイント」「カメラのマナー」「身体の不自由なお客様へ」など、現実の場面で重要と思える話題にフォーカスし、細部にわたって解説しています。目からうろこのことも多いはずです。　　　　　（はじめにより）

第1章　「テーブルマナー」の基本はマナーから／第2章　西洋料理編
第3章　ソムリエとワイン／第4章　日本料理編（日本酒・日本茶）
第5章　中国料理編／第6章　パーティー編

コラム　サービスのプロフェッショナル　レストランサービス技能士
　　　ソムリエ／バーテンダー／レセプタント／サービスクリエーター

一般・婚礼・葬祭に求められる「知識と技能」

NPO法人 日本ホテルレストラン経営研究所　理事長　大谷　晃
BIAブライダルマスター　遠山詳胡子
日本葬祭アカデミー教務研究室　二村祐輔　共著

A4判 並製・本文 240頁／定価 3,630円（税込）

レストランや宴会でのサービスは、スタッフと共に、お客様と向き合いながらこなす仕事です。決して一人で黙々とこなせる仕事ではありません。ゆえに、一緒に仕事をする上司やスタッフと連携するための人間関係がもとめられます。お客様に十分に満足していただくための技能ももとめられます。宴会サービスは、会場設営のプラン作りから後片付けに至るまで料飲以外の業務が多く、また一度に多数のお客様のサービスを担当するので、レストランとは全く違ったスキルが加わります。お客様にとって宴会は特別な時間であるゆえに、失敗が許されないという厳しさもあります。そこでいつも感じるのは、宴会サービスの幅広さと奥深さ、そして重要性です。知識や技能を習得し、それを多くの仲間たちと共有しながらお客様に感動を与えるこの仕事ほど、人間力を高める機会に溢れた職種はないと感じます。　　（はじめにより）

第1章・サービスの基本／第2章・宴会サービス／第3章・婚礼サービス／第4章・結婚式の基礎知識／第5章・葬祭サービス

誰もが知りたい「レストラン・マーケティング」

NPO法人 日本ホテルレストラン経営研究所
理事長 大谷　晃 著

A5判 並製・本文320頁／定価 2,970 円（税込）

明確なビジョンを持ち、マーケティング戦略を練り上げ、それをスタッフと共にお客様に提供する。そのためには、「マネジメント」の知識はもちろんのこと、調査、企画、宣伝を他人任せにする時代は終わりました。最新の食材や調理方法、飲料についても学ばなければなりません。インターネットの普及により、今やお客様が詳しい場面も多くなりました。さらにそのためにサービスのスキルやメニュー戦略を高めていかなければ、時代に取り残されます。独りよがりのリーダーシップでは若い人はついてきません。だから学び続けるのです。

第1章・お店の役割／第2章・支配人の条件
第3章・お客様対応の極意／第4章・繁盛店のマーケティング
第5章・料理と飲物（ワイン）の基本／第6章・サービスのスキル
第7章・テーブルマナー

スタッフを守り育て、売上げを伸ばす「スキル」

中国料理サービス研究家　ICC認定国際コーチ

中島　將耀・遠山詳胡子 共著

A5判 並製・本文292頁／定価3,080円（税込）

今、あなたのお店は満席です。入口の外側まで、お客様が並んで、席が空くのを待っています。そんな混雑状況こそ、マネージャーの腕の見せ所です。まさに嬉しい悲鳴、の状態ではありますが、むしろそのパニックを楽しむぐらいの、心のゆとりが欲しいものです。では、そんな心のゆとりはどこから生まれるか。それには十分な知識と、多彩な経験が必要になります。経験ばかりは、教えて差し上げることはできませんが、知識と考え方なら、私の歩んできた道の中から、お伝えできることもあるでしょう。そんな気持ちで、この本を作りました。

（はじめにより）

●中国料理の常識・非常識／●素材と調味料の特徴／●調理法を知る／●飲み物を知る／●宴会料理とマナー／●料理の盛り付けと演出／●中国料理のサービス／●マネージャーの役割／●メニュー戦略と予算管理／●調理場との連携／●サービスの現場で／●本当の顧客管理／●商品衛生と安全管理／●マネージャーの人材育成／●信頼関係を構築する法則／●コーチングマネージャー／●目標設定７つのルール／●メンタルヘルス／●職場のいじめ／●ユニバーサルマナー

「サービス人」ができる事をぜひとも知ってもらいたい！

元レストラン タテル ヨシノ総支配人

田中優二 著

コーディネーター　遠山 詳胡子

A5判 並製・本文200頁／定価2,200円（税込）

レストランのサービスは、奥が深い。
オーダー一つとっても、お客様の様子を感じ取り、お客様の要望を
伺い、満足していただけるメニューを提案することが、求められる。
そのためには、当日のメニューの把握と、それを的確に伝えるため
の膨大な知識とコミュニケーション能力、ワインとの組み合わせ、
当然語学力も必要となる。料理を提供する時には、無駄なく美しい
所作と、時には目の前で料理を仕上げる技術が必要となる。顧客と
もなれば、お客様の好みや体調などを鑑みて接客するのは、当たり
前のことである。
（はじめにより）

「サービス」と「マリアージュ」の極意

エスキス 総支配人

若林英司 著

コーディネーター 遠山 詳胡子

A5 判並製・本文 220 頁（一部カラー）／定価 2,640 円（税込）

全国のソムリエたちが憧れるソムリエが世界一の食の激戦
地、東京・銀座にいる。超一流のシェフをアシストして、
お店のスタッフたちをまとめ、テレビのレギュラー出演を
するなど、八面六臂の活躍はまさに「スーパーソムリエ」。
数多くのグルメガイドで、常に最高の評価をされ続けて
いるスキル（研ぎ澄まされた観察力と豊潤な言語力）と、
Ｕ理論（レベル１〜７）に基づいたマリアージュが本書で、
初めて明らかにされる。

プランナーやキャプテンたちに、ぜひ知ってもらいたい

全国司会者ネットワーク
全日本ブライダルMCアライアンス（BMCA）
会長 **恋塚太世葉** 著
A5判並製・本文224頁　定価1,980円（税込）

話のプロは多方面にいます。しかし結婚披露宴の進行役は、きれいな話し方に特化したアナウンサー的存在でも、原稿に忠実なナレーター的存在でも、語り上手な噺家的存在でも、感情を込めドラマを演出する俳優的存在でもありませんし、そしてブライダルの知識を備えた評論家的存在でもないのです。

披露宴会場内では「司会者」と呼ばれ、その要件は、上手にきれいに適切な言葉で話せることが大前提で、しかもその上にブライダル用語の使い分け、知識、ノウハウが伴った姿です。

ブライダル司会者には決まり切ったマニュアルがありません。そう考えると、将来に渡ってロボットが司会をすることもないでしょう。だからこそ、益々技量を磨き、新郎新婦、列席者に寄り添う司会者でありたいと思います。　　（あとがきより）

第1章	ブライダル司会の役割	第2章	打ち合わせ
第3章	当　日	第4章	基礎知識
第5章	トラブル	第6章	正しい日本語と言葉遣い
第7章	海外のブライダル	第8章	これからの課題と予想